漫谈党史学习

曲青山　著

中共党史出版社

图书在版编目（CIP）数据

漫谈党史学习 / 曲青山著 . -- 北京：中共党史出版社，2023.3

ISBN 978-7-5098-6291-9

Ⅰ . ①漫… Ⅱ . ①曲… Ⅲ . ①中国共产党—党史—文集 Ⅳ . ① D23-53

中国国家版本馆 CIP 数据核字（2023）第 039366 号

出版发行： 中共党史出版社
责任编辑： 姚建萍　赵雨
责任校对： 申宁
责任印制： 段文超
社　　址： 北京市海淀区芙蓉里南街 6 号院 1 号楼
邮　　编： 100080
网　　址： www.dscbs.com
经　　销： 新华书店
印　　刷： 北京盛通印刷股份有限公司
开　　本： 720mm × 1000mm　1/16
字　　数： 180 千字
印　　张： 17
版　　次： 2023 年 3 月第 1 版
印　　次： 2023 年 3 月第 1 次印刷

ISBN 978-7-5098-6291-9

定　　价： 56.00 元

目　录

读懂新时代

若干党史重大问题研究

如何正确学习和认识党史

学习领会习近平总书记关于党史的重要论述

党的历史是丰富生动的教科书*

——学习习近平总书记关于学习党的历史的重要论述

2021年是中国共产党成立一百周年。在这样一个重要时间节点，在全党集中开展党史学习教育，对于深入学习贯彻习近平新时代中国特色社会主义思想，从党的百年伟大奋斗历程中汲取继续前进的智慧和力量，激励全党全国各族人民满怀信心迈进全面建设社会主义现代化国家新征程，具有极其重要的现实意义和历史意义。

学习党的历史，确立正确的党史观和科学的方法论至关重要。党的十八大以来，习近平总书记围绕学习党的历史发表一系列重要讲话，作出一系列重要指示批示。特别是习近平总书记在党史学习教育动员大会上发表重要讲话，深刻阐述了为什么要学习党的历史、从党的历史中学习什么、学习党的历史要达到什么目的等一系列重大问题，为我们开展好党史学习教育指明了正确方向，提供了根本遵循。

---

* 原载《学习时报》2021年2月24日。

为什么要学习党的历史

我们党历来重视党史学习教育，注重用党的奋斗历程和伟大成就鼓舞斗志、明确方向，用党的光荣传统和优良作风坚定信念、凝聚力量，用党的实践创造和历史经验启迪智慧、砥砺品格。习近平总书记强调指出：“我们党的一百年，是矢志践行初心使命的一百年，是筚路蓝缕奠基立业的一百年，是创造辉煌开辟未来的一百年……回望过往的奋斗路，眺望前方的奋进路，我们必须把党的历史学习好、总结好，把党的成功经验传承好、发扬好。”历史是一个民族安身立命的基础。历史是一个民族、一个国家、一个政党形成和发展及其盛衰兴亡的真实记录。学习历史，可以“看成败、鉴得失、知兴替”。读史可以明智，知古方能鉴今。历史是从昨天走到今天，又从今天走向明天的。过去、现在、未来是相通的。只有了解了过去，才能正确认识现在；只有正确认识了现在，才能科学把握未来。

正因为如此深刻地认识到了党的历史的这个功能和作用，习近平总书记在党的政治建设、思想建设和全社会的思想政治教育工作中，反复强调学习党的历史对广大党员干部“不忘初心、牢记使命”的重要性，对人民群众传承红色基因、弘扬革命精神的重要性，对党的各级领导干部总结历史经验、提高治国理政能力的重要性，对全社会正本清源、反对历史虚无主义的重要性。

习近平总书记指出：“一切向前走，都不能忘记走过的路；走得再远、走到再光辉的未来，也不能忘记走过的过去，不能忘记为什么出发。”要“牢记红色政权是从哪里来的、新中国是怎么建立起来的，不忘历史、不忘初心”。

他强调：“人无精神则不立，国无精神则不强。”“我们党的每一段革命历史，都是一部理想信念的生动教材。”我们党在各个历史时期创立的革命精神“是党和国家的宝贵财富”。他指出：“西柏坡我来过多次，每次都怀着崇敬之心来，带着许多思考走。”“每到井冈山、延安、西柏坡等革命圣地，都是一次精神上、思想上的洗礼。”“多重温我们党领导人民进行革命的伟大历史，心中就会增加很多正能量。”“广大党员、干部和人民群众要很好学习了解党史、新中国史，守住党领导人民创立的社会主义伟大事业，世世代代传承下去。”“学习党史、国史，是我们坚持和发展中国特色社会主义、把党和国家各项事业继续推向前进的必修课。这门功课不仅必修，而且必须修好。”

他还特别强调：“古人说：‘灭人之国，必先去其史。’国内外敌对势力往往就是拿中国革命史、新中国历史来做文章，竭尽攻击、丑化、污蔑之能事，根本目的就是要搞乱人心，煽动推翻中国共产党的领导和我国社会主义制度。”对此，我们必须保持清醒头脑，坚决同历史虚无主义作斗争，加强思想引导和理论辨析，更好正本清源、固本培元。

习近平总书记的这些重要论述，都是我们党对党的历史的一贯立场和态度，体现了我们党对学习应用党的历史重要性和必要性的深刻认识。因此，在全党开展党史学习教育，是牢记初心使命、推进中华民族伟大复兴历史伟业的必然要求，是坚定信仰信念、在新时代坚持和发展中国特色社会主义的必然要求，是推进党的自我革命、永葆党的生机活力的必然要求。

从党的历史中学习什么

习近平总书记在阐述学习党的历史重要性的同时，提出了应该学习和把握的党的历史的主要内容和应该采取的学习党的历史的科学方法。

首先，习近平总书记强调了要深刻认识中国共产党的性质宗旨和最高理想最终目标。近代中国为什么会产生中国共产党？中国共产党怎样改变了中国、影响了世界？中国共产党为中国人民、中华民族、人类文明进步事业作出了什么样的伟大历史贡献？习近平总书记指出：中国共产党是中国工人阶级的先锋队，同时是中国人民和中华民族的先锋队。党的宗旨是全心全意为人民服务。中国共产党是“在近代以后中国社会的剧烈运动中，在中国人民反抗封建统治和外来侵略的激烈斗争中，在马克思列宁主义同中国工人运动的结合过程中”应运而生的。中国共产党的产生绝不是偶然的，而是历史的必然。“中国共产党一经成立，就把实现共产主义作为党的最高理想和最终目标，义无反顾肩负起实现中华民族伟大复兴的历史使命”。

其次，习近平总书记提出了要准确把握党的历史发展的主题主线、主流本质，正确认识和科学评价党史上的重大事件、重要会议、重要人物。那么，什么是党的历史的主题主线、主流本质呢？近代以来，中国人民面临着争取民族独立、人民解放和实现国家富强、人民幸福两大历史任务，这两大历史任务就是中国共产党历史发展的主题主线。党的历史的主流本质是：党的历史，是党领导全党同志和全国各族人民不断为实现民族独立、人民解放和国家富强、人民幸福而不懈奋斗的历史；是党坚持把马克思主义基本原理同中国具体实际相结合、不断探索适合中国国情的革命和建设道路，推进改革开放和社会主义现代化建设，推进马克思主义中国化、推进理论创新的历史；是党加强和改进自身建设、保持和发展党的先进性，不断经受住各种风险和挑战考验、发展壮大的历史。概括起来讲，就是“不懈奋斗史”“理论探索史”“自身建设史”。把握了党的历史的主题主线、主流本质，就抓住了学习党的历史的总纲，就可以起到提纲挈领、纲举目张的作用。还要坚持以我们党关于历史问题的两个决议和党中央有关精神为依据，正确认识和科学评价党史上的重大事件、重要会议、重要人物。

再次，习近平总书记提出要从党的历史中汲取智慧和力量。这些重要论述，主要体现在习近平总书记在党的历史的重大事件和重要人物的纪念或庆祝活动以及在地方考察调研时的重要讲话中。在庆祝中国共产党成立 95 周年大会上的讲话中，习近平总书记阐述了我们党为中华民族作出的完成新民主主义革命、建立中华人民共和国，确立社会主义基本制度、推进社会主义建设，进行改革开放新的伟大革命的三个伟大历史贡献。并总结了坚持不忘初心、继续前进的八个方面的历史启示。在纪念红军长征胜利 80 周年大会上的重要讲话中，习近平总书记从理想信念、检验真理、唤醒民众、开创新局四个方面对长征的伟大意义进行了新的概括。在庆祝中国人民解放军建军 90 周年大会上的重要讲话中，习近平总书记对人民军队在党的旗帜下前进，发展壮大形成的历史经验进行了高度

中国共产党历史展览馆——展示中国共产党奋斗历史的精神殿堂。

概括。在庆祝改革开放40周年大会上的重要讲话中，习近平总书记提出了“建立中国共产党、成立中华人民共和国、推进改革开放和中国特色社会主义事业，是五四运动以来我国发生的三大历史性事件，是近代以来实现中华民族伟大复兴的三大里程碑”的重要结论，总结了改革开放40年积累的九个方面的宝贵经验。在深圳经济特区建立40周年庆祝大会上的重要讲话中，习近平总书记从十个方面对经济特区40年改革开放、创新发展积累的宝贵经验进行了总结。在纪念毛泽东同志诞辰120周年座谈会上的重要讲话中，习近平总书记对毛泽东思想活的灵魂的三个方面即实事求是、群众路线、独立自主，结合新的形势和新的历史条件进行了全面深刻阐释。在纪念邓小平同志诞辰110周年座谈会上的重要讲话中，习近平总书记对邓小平同志的思想理论和精神风范，从崇高品格、伟大情怀、理论品质、政治勇气、战略思维、博大胸襟六个方面进行了阐发。

除此以外，习近平总书记在不同时间地点和不同场合的讲话中，还论述了五四精神、红船精神、井冈山精神、苏区精神、长征精神、遵义会议精神、东北抗联精神、延安精神、红岩精神、太行精神、吕梁精神、抗战精神、沂蒙精神、西柏坡精神、抗美援朝精神、北大荒精神、大庆精神、铁人精神、红旗渠精神、焦裕禄精神、雷锋精神、王杰精神、劳模精神、劳动精神、工匠精神、塞罕坝精神、抗疫精神等。这些精神构筑起了中国共产党人的精神谱系，是激励我们前行的强大力量之源，为我们立党兴党强党提供了丰厚滋养。

学习党的历史要达到什么目的

学习党的历史，不是为了学习而学习。习近平总书记特别强调，要教育引导全党感悟马克思主义的真理力量和实践力量，坚持不懈用党的创新理论最新成果武装头脑、指导实践、推动工作；要教育引导全党胸怀中华民族伟大复兴战略全局和世界百年未有之大变局，增强工作的系统性、预见性、创造性；要教育引导全党深刻认识党的性质宗旨，坚持一切为了人民、一切依靠人民；要总结运用党在不同历史时期成功应对风险挑战的丰富经验，不断增强斗争意识、丰富斗争经验、提升斗争本领；要教育引导全党大力发扬红色传统、传承红色基因，鼓起迈进新征程、奋进新时代的精气神；要教育引导全党从党史中汲取正反两方面历史经验，坚定不移向党中央看齐，确保全党上下拧成一股绳，心往一处想、劲往一处使。概括起来讲就是学史明理、学史增信、学史崇德、学史力行。

第一，要坚定理想信念。习近平总书记指出："坚定理想信念，坚守共产党人精神追求，始终是共产党人安身立命的根本。""革命理想高于天。理想信念之火一经点燃，就永远不会熄灭。""理想因其远大而为理想，信念因其执着而为信念。""在中央苏区和长征途中，党和红军就是依靠坚定的理想信念和坚强的革命意志，一次次绝境重生，愈挫愈勇，最后取得了胜利，创造了难以置信的奇迹。"党员和领导干部有了坚定的理想信念，站位就高了，眼界就宽了，心胸就开阔了，就能坚持正确政治方向，在胜利和顺境时不骄傲不急躁，在困难和逆境时不消沉不动摇，经受住各种风险和困难考验，自觉抵御各种腐朽思想的侵蚀，永葆共产党人政治本色。习近平总书记要求："我们要从红色基因中汲取强大的信仰力量，增强'四个意识'，坚定'四个自信'，做到'两个维护'，自觉做共产主义远大理想和中国特色社会主义共同理想的坚定信仰者和忠实实践者，真正成为百折不挠、终生不悔的马克思主义战士。"

第二，要站稳人民立场。习近平总书记指出："人民立场是中国共产党的根本政治立场，是马克思主义政党区别于其他政党的显著标志。""我们党的百年历史，就是一部践行党的初心使命的历史，就是一部党与人民心连心、同呼吸、共命运的历史。"我们党领导人民打土豪、分田地，是为了人民根本利益而斗争；领导人民开展抗日战争、赶走日本侵略者，是为了人民根本利益而斗争；领导人民推翻蒋家王朝、建立新中国，是为了人民根本利益而斗争；领导人民开展社会主义革命和建设、改变一穷二白的国家面貌，是为了人民根本利益而斗争；领导人民实行改革开放、推进社会主义现代化，同样是为了人民根本利益而斗争。习近平总书记要求："全党同志要把人民放在心中最高位置，坚持全心全意为人民服务的根本宗旨，实现好、维护好、发展好最广大人民根本利益，把人民拥护不拥护、赞成不赞成、高兴不高兴、答应不答应作为衡量一切工作得失的根本标准，使我们党始终拥有不竭的力量源泉。"

第三，要勇于攻坚克难。习近平总书记指出："越是伟大的事业，往往越是充满艰难险阻，越是需要开拓创新。中国特色社会主义是前无古人的伟大事业，改革开放和社会主义现代化建设还有很长的路要走。""越是接近民族复兴越不会一帆风顺，越充满风险挑战乃至惊涛骇浪。"面对复杂多变的国际形势，面对国内艰巨繁重的改革发展稳定任务，广大党员干部要敢于斗争、善于斗争，坚决顶起自己该顶的那片天，要发扬斗争精神，增强斗争本领，敢打硬仗、善打胜仗，不断打开事业新局面。

从党的百年历史中汲取继续前进的智慧和力量*

——学习习近平总书记在党史学习教育动员大会上的重要讲话

2021年是中国共产党成立一百周年。党中央决定，在全党开展党史学习教育。这是以习近平同志为核心的党中央作出的一项重大决策。2021年2月20日，党中央召开党史学习教育动员大会，习近平总书记发表重要讲话。讲话立足中国共产党百年华诞的重大时刻，立足“两个一百年”奋斗目标历史交汇的关键节点，站在统筹中华民族伟大复兴战略全局和世界百年未有之大变局的时代高度，深刻阐述了开展党史学习教育的重大意义、重点内容和工作要求，对新时代学习党的历史、弘扬党的传统、开启新的征程、创造新的伟业作出了重要部署。讲话高屋建瓴、视野宏大、思想深邃，是开宗明义、催人奋进的“开学”第一课，是知史鉴今、观照未来的历史教育课，是砥砺初心、牢记使命的党性教育课，为我们开展好党史学习教育指明了方向、提供了根本遵循。

---

* 原载《求是》2021年第7期。

一、深入学习领会习近平总书记关于党的历史的重要论述

党的十八大以来，习近平总书记高度重视学习党的历史，围绕中国共产党历史发表了一系列重要论述，系统回顾党团结带领中国人民不懈奋斗的光辉历程，深入总结党在各个历史时期创造的理论成果、积累的宝贵经验、铸就的伟大精神，深刻阐明党为中华民族作出的伟大贡献。

我们党已经发展成为一个走过百年光辉历程、在最大的社会主义国家执政 70 多年、拥有 9100 多万党员的世界上最大的马克思主义执政党，中国共产党立志于中华民族千秋伟业，百年恰是风华正茂，要始终站在时代潮流最前列、站在攻坚克难最前沿、站在最广大人民之中，永远立于不败之地。习近平总书记指出，党的历史是最生动、最有说服力的教科书。中国共产党领导中国人民取得的伟大胜利，使具有 5000 多年文明历史的中华民族全面迈向现代化，让中华文明在现代化进程中焕发出新的蓬勃生机；使具有 500 多年历史的社会主义主张在世界上人口最多的国家成功开辟出具有高度现实性和可行性的正确道路，让科学社会主义在 21 世纪焕发出新的蓬勃生机；使具有 70 多年历史的新中国建设取得举世瞩目的成就，中国这个世界上最大的发展中国家在短短 40 多年里摆脱贫困并跃升为世界第二大经济体，创造了人类社会发展史上惊天动地的发展奇迹，使中华民族焕发出新的蓬勃生机。一百年的历史告诉我们，没有先进理论的指导，没有用先进理论武装起来的先进政党的领导，没有先进政党顺应历史潮流、勇担历史重任、敢于作出巨大

牺牲，中国人民就无法打败压在自己头上的各种反动派，中华民族就无法改变被压迫、被奴役的命运，我们的国家就无法团结统一、在社会主义道路上走向繁荣富强。要永远保持建党时中国共产党人的奋斗精神，永远保持对人民的赤子之心，以永不懈怠的精神状态和一往无前的奋斗姿态，继续朝着实现中华民族伟大复兴的宏伟目标奋勇前进。

历史是最好的老师，我们党的历史是中国近现代以来历史最为可歌可泣的篇章，历史在人民探索和奋斗中造就了中国共产党，我们党团结带领人民又造就了历史悠久的中华文明新的历史辉煌。习近平总书记指出，一切向前走，都不能忘记走过的路，走得再远、走到再光辉的未来，也不能忘记走过的过去，不能忘记为什么出发。在几千年的历史发展中，中华民族创造了悠久灿烂的中华文明，为人类作出了卓越贡献，成为世界上伟大的民族。近代以后，中华民族遭受了前所未有的苦难。面对苦难，无数仁人志士前仆后继、不懈探索，寻找救国救民道路，却在很长时间内都抱憾而终。1921 年，中国共产党诞生了，这是开天辟地的大事变。这一开天辟地的大事变，深刻改变了近代以后中华民族发展的方向和进程，深刻改变了中国人民和中华民族的前途和命运，深刻改变了世界发展的趋势和格局。现在，我们比历史上任何时期都更接近中华民族伟大复兴的目标，比历史上任何时期都更有信心、有能力实现这个目标。要认清当代中国所处的历史方位，增强历史自觉，遵循历史前进逻辑，顺应时代发展潮流，在乱云飞渡中把牢正确方向，在风险挑战面前砥砺胆识，激发为实现中华民族伟大复兴而奋斗的信心和动力，风雨无阻，坚毅前行，开创属于我们这一代人的历史伟业。

学习党的历史，是坚持和发展中国特色社会主义、把党和国家各项事业继续推向前进的必修课，这门功课不仅必修，而且必须修好。习近平总书记指出，中国特色社会主义不是从天上掉下来的，是党和人民历尽千辛万苦、付出各种代价取得的根本成就。中国特色社会主义，承载着几代中国共产党人的理想和探索，寄托着无数仁人志士的夙愿和期盼，凝聚着亿万人民的奋斗和牺牲，是近代以来中国社会发展的必然选择。历史证明，只有社会主义才能救中国，只有中国特色社会主义才能发展中国，只有坚持和发展中国特色社会主义才能实现中华民族伟大复兴。要加强爱国主义、集体主义、社会主义教育，引导人们牢记红色政权是从哪里来的、新中国是怎么建立起来的，倍加珍惜我们党开创的中国特色社会主义，坚定道路自信、理论自信、制度自信、文化自信，自觉做中国特色社会主义的坚定信仰者、忠实实践者，促进全体人民在思想上精神上紧紧团结在一起。

中国革命历史是最好的营养剂，重温这部伟大历史能够受到党的初心使命、性质宗旨、理想信念的生动教育，必须铭记光辉历史、传承红色基因。习近平总书记指出，光荣传统不能丢，丢了就丢了魂；红色基因不能变，变了就变了质。在一百年的非凡奋斗历程中，一代又一代中国共产党人顽强拼搏、不懈奋斗，涌现了一大批视死如归的革命烈士、一大批顽强奋斗的英雄人物、一大批忘我奉献的先进模范，形成了红船精神、井冈山精神、长征精神、遵义会议精神、延安精神、西柏坡精神、红岩精神、抗美援朝精神、“两弹一星”精神、特区精神、抗洪精神、抗震救灾精神、抗疫精神、脱贫攻坚精神等伟大精神，构筑起了中国共产党人的精神谱系。对我们共产党人来说，党的每一段革命历史，都是一部理想信念的生动教材，要教育引导全党大力发扬红色传统、传承红色基因，赓续共产党人精神血脉，始终保持革命者的大无畏奋斗精神，鼓起迈进新征程、奋进新时代的精气神。

要学习党史、新中国史、改革开放史、社会主义发展史，广大党员要以学习党的历史为重点，做到知史爱党、知史爱国，在学习领悟中坚定理想信念，在奋发有为中践行初心使命。习近平总书记指出，我们的历史视野中，要有5000多年中华文明史，要有500多年世界社会主义史，要有中国人民近代以来180多年斗争史，要有中国共产党100年的奋斗史，要有中华人民共和国70多年的发展史，要有改革开放40多年的实践史，要有新时代中国特色社会主义取得的历史性成就、发生的历史性变革。回望过往的奋斗路，眺望前方的奋进路，必须把党的历史学习好、总结好，做到学史明理、学史增信、学史崇德、学史力行。要做到知史爱党、知史爱国，懂得党的初心和使命之可贵，理解坚守党的初心和使命之重要，注重用党的奋斗历程和伟大成就鼓舞斗志、明确方向，用党的光荣传统和优良作风坚定信念、凝聚力量，用党的实践创造和历史经验启迪智慧、砥砺品格，不断跨越前进道路上新的“娄山关”、“腊子口”，在全面建设社会主义现代化国家、实现中华民族伟大复兴的历史进程中走好新时代的长征路。

我们党的历史就是我们党与人民心心相印、与人民同甘共苦、与人民团结奋斗的历史，一定要一块过、一块干，始终保持同人民群众的血肉联系。习近平总书记指出，我们党的百年历史，就是一部践行党的初心使命的历史，就是一部党与人民心连心、同呼吸、共命运的历史。从石库门到天安门，从兴业路到复兴路，我们党一百年来所付出的一切努力、进行的一切斗争、作出的一切牺牲，都是为了人民幸福和民族复兴。江山就是人民，人民就是江山。群众路线是我们党的生命线和根本工作路线，人民立场是我们党的根本政治立场。必须坚持尊重社会发展规律和尊重人民历史主体地位的一致性、为崇高理想奋斗和为最广大人民谋利益的一致性、完成党的各项工作和实现人民利益的一致性，永不脱离群众，与群众有福同享、有难同当，有盐同咸、无盐同淡，推动改革发展成果更多更公平惠及全体人民，推动共同富裕取得更为明显的实质性进展，把 14 亿中国人民凝聚成推动中华民族伟大复兴的磅礴力量。

全面宣传党的历史，充分发挥党的历史以史鉴今、资政育人的作用，是党和国家工作大局中一项十分重要的工作。习近平总书记指出，了解历史、尊重历史才能更好把握当下，以史为鉴、与时俱进才能更好走向未来。要加强党史学习和教育，了解我们党和国家事业的来龙去脉，汲取我们党和国家的历史经验，正确了解党和国家历史上的重大事件和重要人物，努力从党走过的风云激荡的历史中、从党开创和不断推进的伟大事业中、从党全心全意为人民服务的根本宗旨和长期实践中，深化对党的信赖，坚定对党的领导的信念。

回顾历史不是为了从成功中寻求慰藉，更不是为了躺在功劳簿上、为回避今天面临的困难和问题寻找借口，而是为了总结历史经验、把握历史规律，增强开拓前进的勇气和力量。习近平总书记指出，历史发展有其规律，但人在其中不是完全消极被动的。我们党一步步走过来，很重要的一条就是不断总结经验、提高本领，不断提高应对风险、迎接挑战、化险为夷的能力水平。要更好应对前进道路上各种可以预见和难以预见的风险挑战，必须从历史中获得启迪，从历史经验中提炼出克敌制胜的法宝。要抓住建党一百年这个重要节点，从具有许多新的历史特点的伟大斗争出发，总结运用党在不同历史时期成功应对风险挑战的丰富经验，做好较长时间应对外部环境变化的思想准备和工作准备，不断增强斗争意识、丰富斗争经验、提升斗争本领，不断提高治国理政能力和水平。

要坚持用唯物史观来认识历史，坚持实事求是的思想路线，分清主流和支流，坚持真理，修正错误，发扬经验，吸取教训。习近平总书记指出，唯物史观是我们共产党人认识把握历史的根本方法。如果历史观错误，不仅达不到学习教育的目的，反倒会南辕北辙、走入误区。要树立正确党史观，坚持以我们党关于历史问题的决议和党中央有关精神为依据，准确把握党的历史发展的主题主线、主流本质，正确认识和科学评价党史上的重大事件、重要会议、重要人物。要实事求是看待党史上的一些重大问题，既不能因为成就而回避失误和曲折，也不能因为探索中的失误和曲折而否定成就。要旗帜鲜明反对历史虚无主义，加强思想引导和理论辨析，澄清对党史上一些重大历史问题的模糊认识和片面理解，更好正本清源、固本培元。要着力讲好党的故事、革命的故事、英雄的故事，厚植爱党、爱国、爱社会主义的情感，让革命薪火代代传承。

二、中国共产党百年奋斗的光辉历程和历史性贡献

习近平总书记指出，我们党的一百年，是矢志践行初心使命的

一百年，是筚路蓝缕奠基立业的一百年，是创造辉煌开辟未来的一百年。一百年来，中国共产党紧紧依靠人民，跨过一道又一道沟坎，取得一个又一个胜利，在中国这片古老的土地上，书写了人类发展史上惊天地、泣鬼神的壮丽史诗，为中华民族作出了伟大历史贡献。

经过顽强奋斗，党团结带领人民实现了中华民族从“东亚病夫”到站起来的伟大飞跃。中国人是带着八国联军侵占北京的民族奇耻大辱进入20世纪的。那时，展现在中华民族面前的仿佛只有一片濒临毁灭的悲惨暗淡的前景。但是曾经创造了灿烂文明的中华民族是绝不甘心长期忍受这样屈辱生活的。十月革命一声炮响，给中国送来了马克思列宁主义。1921年建立的用先进理论武装起来的中国共产党，登上引领中华民族改变命运、走向复兴的历史舞台。

在新民主主义革命时期，面对帝国主义、封建主义、官僚资本主义三座大山，以毛泽东同志为主要代表的中国共产党人，把马克思主义基本原理与中国革命具体实践相结合，创立了毛泽东思想，团结带领全党全国各族人民进行28年浴血奋战，成功开辟了农村包围城市、武装夺取政权的中国革命道路，打败日本帝国主义，推翻国民党反动统治，完成新民主主义革命，建立了中华人民共和国，彻底结束了旧中国半殖民地半封建社会的历史，彻底结束了旧中国一盘散沙的局面，彻底废除了列强强加给中国的不平等条约和帝国主义在中国的一切特权，中国人民站起来了。

在社会主义革命和建设时期，以毛泽东同志为主要代表的中国共产党人，团结带领全党全国各族人民完成社会主义革命，确立社会主义基本制度，推进社会主义建设，完成了中华民族有史以来最为广泛而深刻的社会变革，为当代中国一切发展进步奠定了根本政治前提和制度基础，为开创中国特色社会主义提供了宝贵经验、理论准备、物质基础。

经过顽强奋斗，党团结带领人民推进了中华民族从站起来到富起来的伟大飞跃。党的十一届三中全会以后，以邓小平同志为主要代表的中国共产党人，团结带领全党全国各族人民，深刻总结我国社会主义建设正反两方面经验，借鉴世界社会主义历史经验，创立了邓小平理论，作出把党和国家工作中心转移到经济建设上来、实行改革开放的历史性决策，深刻揭示社会主义本质，确立社会主义初级阶段基本路线，明确提出走自己的路、建设中国特色社会主义，科学回答了建设中国特色社会主义的一系列基本问题，制定了到 21 世纪中叶分三步走、基本实现社会主义现代化的发展战略，成功开创了中国特色社会主义。

党的十三届四中全会以后，以江泽民同志为主要代表的中国共产党人，团结带领全党全国各族人民，坚持党的基本理论、基本路线，加深了对什么是社会主义、怎样建设社会主义和建设什么样的党、怎样建设党的认识，积累了治党治国新的宝贵经验，形成了“三个代表”重要思想。在国内外形势十分复杂、世界社会主义出现严重曲折的严峻考验面前，捍卫了中国特色社会主义，确立了社会主义市场经济体制的改革目标和基本框架，确立了社会主义初级阶段的基本经济制度和分配制度，开创全面改革开放新局面，推进党的建设新的伟大工程，成功把中国特色社会主义推向 21 世纪。

党的十六大以后，以胡锦涛同志为主要代表的中国共产党人，团结带领全党全国各族人民，坚持以邓小平理论和“三个代表”重要思想为指导，根据新的发展要求，深刻认识和回答了新形势下实现什么样的发展、怎样发展等重大问题，形成了科学发展观，抓住重要战略机遇期，在全面建设小康社会进程中推进实践创新、理论创新、制度创新，强调坚持以人为本、全面协调可持续发展，形成中国特色社会主义事业总体布局，着力保障和改善民生，促进社会公平正义，推进党的执政能力建设和先进性建设，成功在新形势下坚持和发展了中国特色社会主义。

经过顽强奋斗，党团结带领人民迎来了中华民族从站起来、富起来到强起来的伟大飞跃。党的十八大以来，以习近平同志为主要代表的中国共产党人，团结带领全党全国各族人民，从理论和实践结合上系统回答了新时代坚持和发展什么样的中国特色社会主义、怎样坚持和发展中国特色社会主义这个重大时代课题，创立了习近平新时代中国特色社会主义思想，坚持统筹推进“五位一体”总体布局、协调推进“四个全面”战略布局，统揽伟大斗争、伟大工程、伟大事业、伟大梦想，坚持以人民为中心的发展思想，坚持稳中求进工作总基调，坚持完善和发展中国特色社会主义制度，加强党的全面领导，推进国家治理体系和治理能力现代化，解决了许多长期想解决而没有解决的难题，办成了许多过去想办而没有办成的大事，推动党和国家事业取得历史性成就、发生历史性变革，全面建成小康社会取得伟大历史性成就，中华民族伟大复兴向前迈出了新的一大步。

我国经济实力跃上新台阶，经济总量在2020年突破100万亿元，占世界经济比重达到17%左右，稳居世界第二。人均国内生产总值突破一万美元，按世界银行标准，达到中高收入国家水平。全面深化改革取得重大突破，中国特色社会主义制度更加完善。民主法治建设迈出重大步伐，国家治理体系和治理能力现代化水平明显提高。人民生活水平显著提高，高等教育进入普及化阶段，城镇新增就业取得新成效，建成世界上规模最大的社会保障体系，基本医疗保险覆盖超过 13 亿人，基本养老保险覆盖近 10 亿人。生态环境保护发生历史性、转折性、全局性变化。国防和军队改革取得历史性突破。新时代中国特色大国外交展现新气象、实现新作为。全面从严治党不断向纵深推进，反腐败斗争取得压倒性胜利。特别是完成了消除绝对贫困的艰巨任务，创造了又一个彪炳史册的人间奇迹！

这些伟大成就的取得，充分展示了中国共产党的领导水平和执政能力，充分体现了中国特色社会主义制度和国家治理体系的显著优势和强大生命力，充分彰显了习近平新时代中国特色社会主义思想的科学价值和实践伟力。

中国特色社会主义是党和人民奋斗、创造、积累的根本成就。在从站起来、富起来到强起来的历史征程中，中国共产党开辟了中国特色社会主义道路，形成了中国特色社会主义理论体系，确立了中国特色社会主义制度，发展了中国特色社会主义文化。中国特色社会主义是党和人民历尽千辛万苦、付出巨大代价取得的根本成就，是科学社会主义理论逻辑和中国社会发展历史逻辑的辩证统一，是根植于中国大地、反映中国人民意愿、适应中国和时代发展进步要求的科学社会主义。

中国特色社会主义是在改革开放 40 多年的伟大实践中得来的，是在新中国成立 70 多年的持续探索中得来的，是在中国共产党领导人民进行伟大社会革命 100 年的实践中得来的，是在近代以来中华民族由衰到盛180多年的历史进程中得来的，是在世界社会主义500多年波澜壮阔的发展历程中得来的，是在对中华文明5000多年的传承发展中得来的。我们必须倍加珍惜，毫不动摇坚持、与时俱进发展。

历史和实践都反复证明，中国特色社会主义，既是党领导人民取得的各方面成就的必然归宿，又在更高层次上包含了其他方面的成就。中国特色社会主义这一根本成就是由一百年各方面成就积累而成的，是一百年所有成就的结晶。概言之，中国特色社会主义是党的历史上一切成就在当代历史条件下的集中体现，从根本上充分展现了党的历史发展的主流和本质。

坚持和发展中国特色社会主义，就是坚持、巩固和发展已经取得的成就；动摇中国特色社会主义，已经取得的一切成就都会化为乌有，甚至会使国家陷入内乱深渊。长期坚持、不断发展中国特色社会主义，既是历史的必然，又是现实的需要，更是有效应对前进道路上各种困难和风险挑战、创造更加美好未来的根本保证。

三、实现中华民族伟大复兴的历史性展望

历史和现实都告诉我们，一场社会革命要取得最终胜利，必然会经历一个漫长复杂艰辛的历史过程。昨天的成功并不代表着今后能够永远成功，过去的辉煌并不意味着未来可以永远辉煌。中华民族伟大复兴，绝不是轻轻松松、敲锣打鼓就能实现的。前进道路不可能一帆风顺，全党必须准备付出更为艰巨、更为艰苦的努力。事业越前进、越发展，新情况新问题就会越多，面临的风险和挑战就

会越多，面对的不可预料的事情就会越多。这一切都需要我们在实践中大胆探索、深化发展，不断丰富中国特色社会主义的实践特色、理论特色、民族特色、时代特色，不忘初心、牢记使命，在新的历史条件下把中华民族伟大复兴事业继续推向前进。

回首一百年中国共产党的光辉历史，我们无比自豪；展望中华民族伟大复兴的光明前景，我们信心百倍。在伟大的中国共产党成立一百周年之际，我国全面建成小康社会取得伟大历史性成就，中华民族伟大复兴向前迈出了新的一大步，社会主义中国以更加雄伟的身姿屹立于世界东方。

站在新的历史起点上，以习近平同志为核心的党中央带领 14 亿中国人民开启全面建设社会主义现代化国家新征程，吹响向第二个百年奋斗目标进军的号角。党的十九届五中全会审议通过《中共中央关于制定国民经济和社会发展第十四个五年规划和二〇三五年远景目标的建议》，擘画了中国面向未来的宏伟蓝图。全党全国各族人民要在以习近平同志为核心的党中央坚强领导下，统筹中华民族伟大复兴战略全局和世界百年未有之大变局，深刻认识我国社会主要矛盾变化带来的新特征新要求，深刻认识错综复杂的国际环境带来的新矛盾新挑战，增强机遇意识和风险意识，立足社会主义初级阶段基本国情，保持战略定力，办好自己的事，认识和把握发展规律，发扬斗争精神，树立底线思维，准确识变、科学应变、主动求变，在危机中育先机、于变局中开新局，抓住机遇，应对挑战，趋利避害，向着既定的目标奋勇前进。

在前进道路上，我们有独特的政治优势、制度优势、发展优势和机遇优势，我们完全有信心、有底气、有能力谱写新的发展奇

“复兴号”列车奔驰向前。

迹。从 2020 年到 2035 年，我们要在全面建成小康社会的基础上，再奋斗 15 年，基本实现社会主义现代化。到那时，我国经济实力、科技实力将大幅跃升，跻身创新型国家前列；人民平等参与、平等发展权利得到充分保障，法治国家、法治政府、法治社会基本建成，各方面制度更加完善，国家治理体系和治理能力现代化基本实现；社会文明程度达到新的高度，国家文化软实力显著增强，中华文化影响更加广泛深入；人民生活更为宽裕，中等收入群体比例明显提高，城乡区域发展差距和居民生活水平差距显著缩小，基本公共服务均等化顺利实现，全体人民共同富裕迈出坚实步伐；现代社会治理格局基本形成，社会充满活力又和谐有序；生态环境根本好转，美丽中国目标基本实现。

从 2035 年到本世纪中叶，我们要在基本实现现代化的基础上，再奋斗 15 年，把我国建成富强民主文明和谐美丽的社会主义现代化强国。到那时，我国物质文明、政治文明、精神文明、社会文明、生态文明将全面提升，实现国家治理体系和治理能力现代化，成为综合国力和国际影响力领先的国家，全体人民共同富裕基本实现，我国人民将享有更加幸福安康的生活，中华民族将以更加昂扬的姿态屹立于世界民族之林。

历史已经证明，中国共产党不仅善于打破一个旧世界，而且善于建设一个新世界。历史也正在证明，一个始终走在时代前列、人民衷心拥护、勇于自我革命、经得起各种风浪考验、朝气蓬勃的马克思主义执政党，一定能够团结带领中国人民不断推进伟大社会革命，在中国特色社会主义这条康庄大道上，向着中华民族伟大复兴的目标不断前进。

正确认识历史的望远镜和显微镜*

——学习领会习近平总书记关于历史问题的论述

习近平总书记系列重要讲话的一个突出特点是具有历史思维，这是系列讲话内容丰富、思想深刻，有智慧、有力量，能够直抵人的心扉、说服人的一个重要原因。历史观是人们对社会历史总的、根本的看法，是世界观的重要组成部分。习近平总书记的科学历史观坚持了马克思主义的立场、观点、方法，运用辩证唯物主义和历史唯物主义，观察、分析、研究各种历史问题和现象，对回答和解析历史问题和现象提出了真知灼见，为我们以史鉴今、资政育人提供了科学的方法和思想武器。

习近平总书记科学历史观博大精深，涉及和涵盖众多领域和许多方面，笔者在学习和研究中对其作如下简要归纳和概括。

---

* 原载《上海党史与党建》2015 年第 4 期。

一、习近平总书记的科学历史观回答了应该以什么样的态度学习历史和对待历史的问题

历史是过去的东西。历史对我们今天有什么作用？习近平总书记在多个场合、多次讲话、多次谈话中反复强调："历史是最好的教科书"、"历史是最好的老师"。为什么要这样说呢？他指出："历史是一个民族、一个国家形成、发展及其盛衰兴亡的真实记录，是前人的'百科全书'，即前人各种知识、经验和智慧的总汇。""历史是从昨天走到今天再走到明天，历史的联系是不可能割断的。人们总是在继承前人的基础上向前发展的。古今中外，概莫能外。""历史就是历史，历史不能任意选择，一个民族的历史是一个民族安身立命的基础。"历史"它忠实记录下每一个国家走过的足迹，也给每一个国家未来的发展提供启示"。"历史是前人的实践和智慧之书"。"在漫长的历史进程中，中华民族创造了独树一帜的灿烂文化，积累了丰富的治国理政经验，其中既包括升平之世社会发展进步的成功经验，也有衰乱之世社会动荡的深刻教训"。"中国的今天是从中国的昨天和前天发展而来的"。"前事不忘，后事之师"。"中国人民对战争带来的苦难有着刻骨铭心的记忆，对和平有着孜孜不倦的追求。"历史"也是最好的清醒剂"。"对我们共产党人来说，中国革命历史是最好的营养剂。"

那么，学习历史我们要从中获得什么呢？习近平总书记指出："学史可以看成败、鉴得失、知兴替。""中华民族5000多年的文明史，中国人民近代以来170多年的斗争史，中国共产党90多年

的奋斗史，中华人民共和国60多年的发展史，都是人民书写的历史。历史总是向前发展的，我们总结和吸取历史教训，目的是以史为鉴、更好前进。”“学习党史、国史，是坚持和发展中国特色社会主义、把党和国家各项事业继续推向前进的必修课。这门功课不仅必修，而且必须修好。”“中国共产党的历史是一部丰富生动的教科书。用党的历史教育党员、教育干部、教育群众尤其是教育青少年，是党史工作服务党和国家大局的重要内容。”“领导干部不管处在哪个层次和岗位，都应该读点历史，通过学习历史不断深化对人类社会发展规律、社会主义建设规律和共产党执政规律的认识，不断丰富自己的历史知识，这样才能使自己的眼界和胸襟大为开阔，认识能力和精神境界大为提高，使自己的领导工作水平不断得以提升。”各级领导干部要认真学习党史、国史，“知史爱党，知史爱国”，“这对正确认识党情、国情十分必要，对开创未来也十分必要”。

习近平总书记科学历史观，为我们以科学的态度学习历史、对待历史明确了基本原则和根本要求。

二、习近平总书记的科学历史观回答了应该以什么样的方法观察历史和研究历史的问题

能不能从历史中获得智慧，历史能不能发挥应有的作用？以什么样的方法观察历史和研究历史就显得至关重要。正确地观察历史和研究历史，必须有正确的观点、科学的方法。那么，以什么样的观点和方法观察和研究历史呢？习近平总书记强调了这样几个

方面:

一是贯通历史，深刻认识历史曲折发展的客观规律。习近平总书记指出:“历史、现实、未来是相通的。历史是过去的现实，现实是未来的历史。”“前途是光明的，道路是曲折的。”“人类社会发展的历史证明，无论会遇到什么样的曲折，历史都总是按照自己的规律向前发展，没有任何力量能够阻挡历史前进的车轮。”“历史的经验值得注意，历史的教训更应引以为戒。”因此，习近平总书记指出:“历史，往往需要经过岁月的风雨才能看得更清楚。”“回顾历史的时刻，也是展望未来的时刻。我们人民共和国的航船正在破浪前进，我们比历史上任何时期都更接近中华民族伟大复兴的目标。”并且勉励全党同志:“任何奋斗目标都不会轻轻松松实现，前进道路从来不是一帆风顺的。我们前面的路还很长，不会那样平坦，我们必须准备进行具有许多新的历史特点的伟大斗争。过去，中国人民有志气有能力战胜各种艰难险阻、铸就我们人民共和国的辉煌。今天，中国人民也一定能够战胜可以预见和难以预见的各种艰难险阻，铸就我们人民共和国更大的辉煌。”

二是评价历史人物尤其是评价党的领袖人物必须放在一定的时代和社会历史条件下去进行。习近平总书记说:“对历史人物的评价，应该放在其所处时代和社会的历史条件下去分析。不能离开对历史条件、历史过程的全面认识和对历史规律的科学把握，不能忽略历史必然性和历史偶然性的关系。不能把历史顺境中的成功简单归功于个人，也不能把历史逆境中的挫折简单归咎于个人。不能用今天的时代条件、发展水平、认识水平去衡量和要求前人，不能苛求前人干出只有后人才能干出的业绩来。”“革命领袖是人不是神。

尽管他们拥有很高的理论水平、丰富的斗争经验、卓越的领导才能，但这并不意味着他们的认识和行动可以不受时代条件限制。不能因为他们伟大就把他们像神那样顶礼膜拜，不容许提出并纠正他们的失误和错误；也不能因为他们有失误和错误就全盘否定，抹杀他们的历史功绩，陷入虚无主义的泥潭。”“我们党对自己包括领袖人物的失误和错误历来采取郑重的态度，一是敢于承认，二是正确分析，三是坚决纠正，从而使失误和错误连同党的成功经验一起成为宝贵的历史教材。”

三是研究历史不能割断历史的内在联系。在如何看待新中国成立以来的历史，尤其是如何认识和把握好改革开放前和改革开放后的两个历史时期的历史时，习近平总书记指出：“我们党领导人民进行社会主义建设，有改革开放前和改革开放后两个历史时期，这是两个相互联系又有重大区别的时期，但本质上都是我们党领导人民进行社会主义建设的实践探索。”“对改革开放前的历史时期要正确评价，不能用改革开放后的历史时期否定改革开放前的历史时期，也不能用改革开放前的历史时期否定改革开放后的历史时期。改革开放前的社会主义实践探索为改革开放后的社会主义实践探索积累了条件，改革开放后的社会主义实践探索是对前一个时期的坚持、改革、发展。”

四是要全面、客观、辩证、发展地研究和阐述党的历史。对中国共产党的历史如何进行研究、如何进行宣传？习近平总书记明确要求：“坚持实事求是研究和宣传党的历史，要牢牢把握党的历史发展的主题和主线、主流和本质，旗帜鲜明地揭示和宣传中国共产党在中国的领导地位和核心作用形成的历史必然性，揭示和宣传中国人民走上社会主义道路的历史必然性，揭示和宣传通过改革开放和社会主义现代化建设实现中华民族伟大复兴的历史必然性，揭示和宣传党在革命、建设、改革各个历史时期领导人民所取得的伟大胜利和辉煌成就，揭示和宣传党在长期奋斗中积累的宝贵经验、形成的光荣传统和优良作风，坚决反对任何歪曲和丑化党的历史的错误倾向。”

习近平总书记科学历史观，体现了马克思主义的唯物史观，为我们正确观察历史提供了科学方法和基本遵循，为我们正确研究历史尤其是正确研究党的历史提出了明确要求。

三、习近平总书记的科学历史观回答了应该以什么样的目的应用历史和把握历史的问题

正确地学习和对待历史，科学地观察和研究历史，最终目的都是为了总结历史的经验教训，认识和把握历史的本质和发展规律，从中获得历史的智慧。习近平总书记论述历史问题，都不是为了历史而讲历史，而是着眼于党和国家的中心工作和大局，着眼于国际国内的一系列重大问题。在此，我们对其中的若干重要问题举例作一论述。

第一，从历史的视角看中国特色社会主义。中国特色社会主义是怎么来的？习近平总书记强调：“中国特色社会主义这条道路来之不易，它是在改革开放 30 多年的伟大实践中走出来的，是在中华人民共和国成立 60 多年的持续探索中走出来的，是在对近代以来 170 多年中华民族发展历程的深刻总结中走出来的，是在对中华民

族5000多年悠久文明的传承中走出来的，具有深厚的历史渊源和广泛的现实基础。”“中国特色社会主义，是党和人民90多年奋斗、创造、积累的根本成就，是改革开放30多年实践的根本总结，凝结着实现中华民族伟大复兴这个近代以来中华民族最根本的梦想，也体现着近代以来人类对社会主义的美好憧憬和不懈探索。”

第二，从历史的视角看中国梦。习近平总书记指出：“实现中华民族伟大复兴，是近代以来中国人民最伟大的梦想，我们称之为‘中国梦’，基本内涵是实现国家富强、民族振兴、人民幸福。”“中国梦是历史的、现实的，也是未来的。”“中国梦是国家的、民族的，也是每一个中国人的。”

第三，从历史的视角看改革开放。习近平总书记指出，20世纪70年代末，我们党和国家作出改革开放的历史性决策，有三个主要原因：一是对“文化大革命”的深刻反思，二是对中国发展落后的深刻反思，三是对国际形势的深刻反思。“改革开放是当代中国最鲜明的特色，也是我们党最鲜明的旗帜。”“是当代中国的鲜明标志和活力源泉，是发展中国特色社会主义的必由之路。”“没有改革开放，就没有中国的今天，也就没有中国的明天。”“我国过去30多年的快速发展靠的是改革开放”，“35年改革开放最主要的成果是开创和发展了中国特色社会主义”。

第四，从历史的视角看培育和践行社会主义核心价值观。习近平总书记指出：“中华优秀传统文化是中华民族的精神命脉，是涵养社会主义核心价值观的重要源泉，也是我们在世界文化激荡中站稳脚跟的坚实根基。”“中华文明源远流长，蕴育了中华民族的宝贵精神品格，培育了中国人民的崇高价值追求。”“当代中国是历史中国的延续和发展，当代中国思想文化也是中国传统思想文化的传承和升华，要认识今天的中国、今天的中国人，就要深入了解中国的文化血脉，准确把握滋养中国人的文化土壤。”“中国古代历来讲格物致知、诚意正心、修身齐家、治国平天下。从某种角度看，格物致知、诚意正心、修身是个人层面的要求，齐家是社会层面的要求，治国平天下是国家层面的要求。我们提出的社会主义核心价值观，把涉及国家、社会、公民的价值要求融为一体，既体现了社会主义本质要求，继承了中华优秀传统文化，也吸收了世界文明有益成果，体现了时代精神。”

第五，从历史的视角看国家治理体系。习近平总书记强调：“治理国家和社会，今天遇到的很多事情都可以在历史上找到影子，历史上发生过的很多事情也都可以作为今天的镜鉴。”“一个国家选择什么样的治理体系，是由这个国家的历史传承、文化传统、经济社会发展水平决定的，是由这个国家的人民决定的。我国今天的国家治理体系，是在我国历史传承、文化传统、经济社会发展的基础上长期发展、渐进改进、内生性演化的结果。”

第六，从历史的视角看不同国家和民族的文明。习近平总书记指出：“世界万物万事总是千差万别、异彩纷呈的，如果万物万事都清一色了，事物的发展、世界的进步也就停止了。每一个国家和民族的文明都扎根于本国本民族的土壤之中，都有自己的本色、长处、优点。”要“尊重各国各民族文明”，要“正确进行文明学习借鉴”。

第七，从历史的视角看中国政治制度的选择。习近平总书记指出：“辛亥革命之前，太平天国运动、洋务运动、戊戌变法、义和团运动、清末新政等都未能取得成功。辛亥革命之后，中国尝试过君主立宪制、帝制复辟、议会制、多党制、总统制等各种形式，各种政治势力及其代表人物纷纷登场，都没能找到正确答案。”“在中国实行人民代表大会制度，是中国人民在人类政治制度史上的伟大创造，是深刻总结近代以后中国政治生活惨痛教训得出的基本结论，是中国社会 100 多年激越变革、激荡发展的历史结果，是中国人民翻身作主、掌握自己命运的必然选择。”

第八，从历史的视角看对马克思主义的选择。习近平总书记指出：“一个国家实行什么样的主义，关键要看这个主义能否解决这个国家面临的历史性课题。在中华民族积贫积弱、任人宰割的时期，各种主义和思潮都进行过尝试，资本主义道路没有走通，改良主义、自由主义、社会达尔文主义、无政府主义、实用主义、民粹主义、工团主义等也都‘你方唱罢我登场’，但都没能解决中国的前途和命运问题。是马克思列宁主义、毛泽东思想引导中国人民走出了漫漫长夜、建立了新中国，是中国特色社会主义使中国快速发展起来了。”

习近平总书记科学历史观的阐述范围十分广泛，涉及经济、政治、文化、社会、军事、科技、教育、外交、生态、民族、宗教等各个领域、各个方面。抓住了习近平总书记科学历史观的特质和系列重要讲话的历史思维的特性，对我们深入学习和把握习近平总书记系列重要讲话的精神实质和精髓要义，会大有帮助，会大受裨益。

从党史国史中汲取智慧和力量

中国共产党百年辉煌 *

从1921年到2021年，中国共产党走过了整整一百年的历程。这是用鲜血、汗水、泪水、勇气、智慧、力量写就的百年；是筚路蓝缕、披荆斩棘、艰苦创业、砥砺前行、充满艰险、充满神奇的百年；是苦难中铸就辉煌、挫折后毅然奋起、探索中收获成功、失误后拨乱反正、转折中开创新局、奋斗后赢得未来的百年。争取民族独立、人民解放和实现国家富强、人民幸福，是中国共产党百年历史的主题和主线；“不懈奋斗史”“理论探索史”“自身建设史”，是中国共产党百年历史的主流和本质；把革命、建设、改革、复兴事业不断推向前进，是中国共产党百年历史的鲜明特征；逐步实现救国、兴国、富国、强国的奋斗目标，是中国共产党百年历史的庄严使命。

中国共产党百年历史，可以划分为四个历史时期：从1921年7月中国共产党建立至1949年10月中华人民共和国成立，是新民主主义革命时期；从1949年10月至1978年12月党的十一届三中全

---

* 原载《光明日报》2021年2月3日。

会召开，是社会主义革命和建设时期；从1978年12月至2012年11月党的十八大召开，是改革开放和社会主义现代化建设新时期；从2012年11月至今是中国特色社会主义新时代。在这四个历史时期，中国共产党完成和推进了四件大事。四件大事铸就了中国共产党百年辉煌。

开天辟地：中国共产党在新民主主义革命时期完成救国大业

中国的近代史是从1840年鸦片战争开始的。从那时起，中国逐渐成为半殖民地半封建社会。为了改变中华民族悲惨屈辱的命运，中国人民和无数仁人志士进行了千辛万苦的探索和不屈不挠的斗争。封建统治阶级发起洋务运动，农民阶级发动太平天国起义和义和团运动，资产阶级改良派、革命派先后发动戊戌变法、辛亥革命，但都最终归于失败。中国共产党就是在这样的历史背景下登上中国政治舞台的。中国共产党是在近代中国社会矛盾的剧烈冲突中、在中国人民反抗封建统治和外来侵略的激烈斗争中、在马克思列宁主义同中国工人运动的结合过程中应运而生的。

1921年7月23日，党的一大在上海召开，几天后在浙江嘉兴南湖的红船上结束。一大的召开标志着中国共产党的正式建立。在这之前各地建立的党组织，都是党的早期组织。关于一大的召开，党史大家胡乔木同志曾写过这样一段话：一大开过了，似乎什么也没有发生，连报纸上也没有一点报道。但是，中国的伟大事变在实质上却开始了。毛泽东同志在总结党的创建的历史时说："中国产生了共产党，这是开天辟地的大事变。""从此以后，中国改换了方向。”与以往中国其他政党和政治组织不同的是，中国共产党一经成立就把实现共产主义作为最高理想和最终目标，确立起为中国人民谋幸福、为中华民族谋复兴的初心和使命。

中国共产党对中国革命道路的探索经历了艰难的历程。在艰辛的探索实践中，中国共产党坚持把马克思主义基本原理同中国革命具体实际相结合，团结带领中国人民找到了一条农村包围城市、武装夺取政权的正确革命道路，进行了28年浴血奋战，打败日本帝国主义，推翻了国民党反动统治，完成了新民主主义革命，建立了中华人民共和国。在这个过程中，党带领人民流血牺牲，历经千难万险。可以说，红色政权来之不易，新中国来之不易。它是红色的，是由无数革命先烈用生命和鲜血换来的。毛泽东同志在党的七大上曾指出：“我们党尝尽了艰难困苦，轰轰烈烈，英勇奋斗。从古以来，中国没有一个集团，像共产党一样，不惜牺牲一切，牺牲多少人，干这样的大事。”东北抗日联军领导人杨靖宇同志在同日寇作战最后弹尽粮绝剩下一人时，面对他人的劝降，掷地有声地说：“老乡，我们中国人都投降了，还有中国吗？”据不完全统计，从1921年至1949年，牺牲的全国有名可查的革命烈士达370多万人，平均每天牺牲370多人。他们真正用行动诠释了“为有牺牲多壮志，敢教日月换新天”的豪情与壮志。

新中国的成立，标志着中国共产党领导的人民大众的反帝反封建的新民主主义革命的胜利，宣告中国人民从此站立起来了！它彻底结束了旧中国半殖民地半封建社会的历史，彻底结束了旧中国一盘散沙的局面，彻底废除了列强强加给中国的不平等条约和帝国主义在中国的一切特权，中国人民真正成为国家和社会的主人，实现

2021 年 7 月 1 日，庆祝中国共产党成立 100 周年大会在天安门广场隆重举行。

了中国从几千年封建专制政治向人民民主的伟大飞跃。中华民族走上了实现伟大复兴的壮阔道路，“以勇敢而勤劳的姿态工作着，创造自己的文明和幸福，同时也促进世界的和平和自由”。

改天换地：中国共产党在社会主义革命和建设时期完成兴国大业

新中国成立之初，我国面临的国际国内形势是异常艰难和复杂的。由于长期战争，国内经济凋敝，民不聊生。国民党残余伺机破坏，匪患严重。有些地方还未得到解放，很多基层还未建立政权。以美国为首的西方国家在政治上孤立我们、在经济上封锁我们、在军事上威胁我们。1950 年 6 月 25 日，朝鲜内战爆发，随后美国入侵朝鲜，同时派第七舰队侵入台湾海峡。新生的中华人民共和国遭到严重安全威胁。“打得一拳开，免得百拳来。”经过充分讨论和全面衡量，党中央和毛泽东主席作出了“抗美援朝，保家卫国”的战略决策。抗美援朝战争打出了新中国的国威军威，提高了中国共产党在全国人民中的威望，提高了中国人民的民族自信心和民族自豪感，维护了亚洲和世界和平，新中国站稳了脚跟。正像后来邓小平同志所说的那样，新中国的成立，“中国取得了一个资格：人们不敢轻视我们”。

同样，怎样建设社会主义，如何推进中国的现代化，对新中国成立之初的中国共产党来说，也是一个全新的课题。中国共产党从学习苏联到“以苏为鉴”，开始探索中国自己的社会主义建设道路。1956 年，我国社会主义改造完成，确立起社会主义基本制度，并开始大规模进行社会主义建设，取得巨大的成就。1954 年 6 月，毛泽东同志曾这样提出过问题：“现在我们能造什么？能造桌子椅子，能造茶碗茶壶，能种粮食，还能磨成面粉，还能造纸，但是，一辆汽车、一架飞机、一辆坦克、一辆拖拉机都不能造。”在中国共产党的坚强领导下，经过全国人民自力更生、艰苦奋斗，我们很快有了中国历史上的无数个第一：生产出第一架飞机、第一辆汽车、第一台拖拉机，自行研制第一颗原子弹、氢弹先后爆炸成功，自行研制第一颗人造地球卫星发射成功，自行研制第一艘核潜艇顺利下水，自行设计建造第一座大桥——南京长江大桥，在世界上首次人工合成牛胰岛素，首次培育成功强优势籼型杂交水稻等。经过 20 多年的奋斗，初步建立起独立的比较完整的工业体系和国民经济体系。邓小平同志说：“如果六十年代以来中国没有原子弹、氢弹，没有发射卫星，中国就不能叫有重要影响的大国，就没有现在这样的国际地位。”在这一时期，我国还初步解决了几亿人的吃饭穿衣问题，这在当时也被公认为是创造了一个世界奇迹。

在那个激情燃烧的岁月，全党保持了良好精神状态，全社会形成了良好社会风气，进而转化为推进社会主义革命和建设的强大力量。大庆工人王进喜同志喊出“石油工人一声吼，地球也要抖三抖”，铁人精神给全国人民带来了难忘的印象、记忆和感动，激励和鼓舞全国人民不畏艰难、勇往直前。河南林县人民用简陋的工具，劈开太行山的重峦叠嶂，引漳河水入林县，建成“人造天河”红旗渠的事迹，就是这时全国人民奋发图强的一个缩影。

进行社会主义革命，确立社会主义基本制度，这是以毛泽东同志为核心的党的第一代中央领导集体，团结带领全党全国各族人民进行的伟大创造，体现了中国人民的意愿，符合中国的实际，顺应了历史发展的潮流。这场中华民族有史以来最为广泛而深刻的社会变革，为当代中国一切发展进步奠定了根本政治前提和制度基础，为开创中国特色社会主义提供了宝贵经验、理论准备、物质基础。

中国共产党在新民主主义革命时期、社会主义革命和建设时期团结带领中国人民实现了中华民族从“东亚病夫”到站起来的伟大飞跃。

翻天覆地：中国共产党在改革开放和社会主义现代化建设新时期推进富国大业

如何结合国情，在一个经济文化落后的国家里，探索中国自己的社会主义建设道路，是一件极不容易的事情。既然是探索，就会有失误。我们党在取得探索成果的同时，从1958年以后也开始出现失误甚至是严重失误，发生了“大跃进”、人民公社化运动的挫折以及影响全局长达十年之久的“文化大革命”内乱。面对“左”的错误造成的严重后果，我们党进行了深刻反思。1978年9月16日至18日，邓小平同志在东北考察时讲：“社会主义要表现出它的优越性，哪能像现在这样，搞了二十多年还这么穷，那要社会主义干什么？”同年12月13日，他在中央工作会议上发表重要讲话，这就是那篇著名的《解放思想，实事求是，团结一致向前看》。他强调指出：“如果现在再不实行改革，我们的现代化事业和社会主义事业就会被葬送。”这个讲话实际上成为此后召开的党的十一届三中全会的主题报告，成为新时期解放思想、实事求是的宣言书。

1978 年党的十一届三中全会的召开，实现了新中国成立以来党的历史上具有深远意义的伟大转折，开启了改革开放和社会主义现代化建设新时期。党的十一届三中全会后，以邓小平同志为核心的党的第二代中央领导集体，面对“文化大革命”造成的危难局面，以巨大的政治勇气和理论勇气，团结带领全党全国各族人民，深刻总结中国社会主义建设正反两方面经验，借鉴世界社会主义历史经验，解放思想、实事求是，作出把党和国家工作中心转移到经济建设上来、实行改革开放的历史性决策，明确提出走自己的路、建设中国特色社会主义，制定“三步走”发展战略，确立社会主义初级阶段基本路线，深刻揭示社会主义本质，创立邓小平理论，科学回答了建设中国特色社会主义的一系列基本问题，在拨乱反正和改革开放中成功开创了中国特色社会主义。

1989 年党的十三届四中全会后，以江泽民同志为核心的党的第三代中央领导集体，面对国内外纷繁复杂的形势，在世界社会主义出现严重曲折的严峻考验面前，团结带领全党全国各族人民，坚持党的基本理论、基本路线，坚定捍卫中国特色社会主义，依据新的实践确立党的基本纲领、基本经验，确立社会主义市场经济体制的改革目标和基本框架，确立社会主义初级阶段的基本经济制度和分配制度，提出依法治国基本方略，推进党的建设新的伟大工程，形成“三个代表”重要思想，开创了全面改革开放新局面，成功把中国特色社会主义推向 21 世纪。

2002 年党的十六大后，以胡锦涛同志为总书记的党中央，紧紧抓住和用好重要战略机遇期，团结带领全党全国各族人民，积极推进实践创新、理论创新、制度创新，坚持以人为本、全面协调可持续发展，着力保障和改善民生，促进社会公平正义，推进党的执政能力建设和先进性建设，形成科学发展观，在全面建设小康社会的伟大实践中，成功坚持和发展了中国特色社会主义。

改革开放和社会主义现代化建设新时期，我国经济得到快速发展，社会保持长期稳定。从1978年至2012年，我国经济高速增长，国内生产总值先后超过意大利、法国、英国、德国，2010年超过日本，成为世界第二大经济体。同时，出口超过德国，成为世界第一大出口国。成为18世纪工业革命以来继英国、美国、日本、德国之后的“世界工厂”，并于2010年跨入上中等收入国家的行列。

中国共产党在改革开放和社会主义现代化建设新时期团结带领中国人民推进了中华民族从站起来到富起来的伟大飞跃。

惊天动地：中国共产党在中国特色社会主义新时代推进并将在本世纪中叶实现强国大业

2012年党的十八大以来，以习近平同志为核心的党中央，团结带领全党全国各族人民，举旗定向，谋篇布局，从理论和实践结合上深刻回答了新时代坚持和发展什么样的中国特色社会主义、怎样坚持和发展中国特色社会主义这个重大时代课题，创立习近平新时代中国特色社会主义思想，统揽伟大斗争、伟大工程、伟大事业、伟大梦想，统筹推进“五位一体”总体布局、协调推进“四个全面”战略布局，坚持完善和发展中国特色社会主义制度，推进国家治理体系和治理能力现代化，解决了许多长期想解决而没有解决的难题，办成了许多过去想办而没有办成的大事，推动党和国家事业取得历史性成就、发生历史性变革，推动中国特色社会主义进入新时代。

新时代党和国家事业的历史性成就和历史性变革，体现在以下几个方面：坚定不移全面加强党对一切工作的领导，党的凝聚力、战斗力、领导力、号召力大大增强。坚定不移贯彻新发展理念，推动我国发展不断朝着更高质量、更有效率、更加公平、更可持续、更为安全的方向前进。我国已经成为世界第二大经济体、第一大工业国、第一大货物贸易国、第一大外汇储备国，对世界经济增长的贡献率达到30%左右。取得载人航天、探月工程、量子通信、超级计算、海底深潜、大飞机制造、航空母舰等一大批标志性成果。坚定不移全面深化改革，推动改革呈现出全面发力、多点突破、蹄疾步稳、纵深推进的崭新局面。各领域基础性制度框架基本确立。许多领域实现历史性变革、系统性重塑、整体性重构。坚定不移全面推进依法治国，党运用法律手段领导和治理国家的能力显著提高。全面推进科学立法、严格执法、公正司法、全民守法，法治建设取得新进展。坚定不移加强党对意识形态工作的领导，全党全社会思想上的团结统一进一步巩固。马克思主义在意识形态领域的指导地位得到加强，社会主义核心价值观大力弘扬，文化事业和文化产业繁荣发展，国家文化软实力显著增强。坚定不移坚持在发展的基础上保障和改善民生，人民群众获得感、幸福感、安全感不断提升。脱贫攻坚成果举世瞩目，现行标准下农村贫困人口全部脱贫，8年来累计脱贫近1亿人，全国832个贫困县全部摘帽。人民生活水平显著提高，中等收入群体超过4亿人。高等教育进入普及化阶段。城镇新增就业连续多年年均超过千万人。建成世界上规模最大的社会保障体系，基本医疗保险覆盖超过13亿人，基本养老保险覆盖近10亿人。居民平均预期寿命提高到77.3岁。坚定不移推进生态文明建设，推动美丽中国建设迈出重要步伐。下大气力治理环境污染，生态环境恶化的局面得到扭转。坚定不移推进国防和军队现代化，推动国防和军队改革取得历史性突破。军队组织形态实现重大变革。坚定不移推进中国特色大国外交，营造了我国发展的国际和平环境和良好周边环境。中国在国际上的话语权得以提升，对世界的影响力不断扩大。坚定不移推进全面从严治党，党的执政基础和群众基础更加巩固。全面从严治党成效卓著，反腐败斗争压倒性态势已经形成并巩固发展。

新时代中国共产党对全面建成小康社会、开启全面建设社会主义现代化国家新征程、实现中华民族伟大复兴中国梦进行了战略谋划。党的十九大将实现第二个百年奋斗目标分为两个阶段安排。第一个阶段，从2020年到2035年，基本实现社会主义现代化；第二个阶段，从2035年到本世纪中叶，把我国建成富强民主文明和谐美丽的社会主义现代化强国，实现中华民族伟大复兴的中国梦。党的十九届五中全会审议通过的《中共中央关于制定国民经济和社会发展第十四个五年规划和二〇三五年远景目标的建议》，对2035年远景目标进行了擘画。根据党的十九大的展望，到本世纪中叶，我国物质文明、政治文明、精神文明、社会文明、生态文明将全面提升，实现国家治理体系和治理能力现代化，成为综合国力和国际影响力领先的国家，全体人民共同富裕基本实现，我国人民将享有更加幸福安康的生活，中华民族将以更加昂扬的姿态屹立于世界民族之林。

新时代在中国共产党百年历史上具有特殊重要的意义。新时代是承前启后、继往开来、在新的历史条件下继续夺取中国特色社会主义伟大胜利的时代，是全面建成小康社会、进而全面建设社会主义现代化强国的时代，是全国各族人民团结奋斗、不断创造美好生活、逐步实现全体人民共同富裕的时代，是全体中华儿女勠力同心、奋力实现中华民族伟大复兴中国梦的时代，是我国不断为人类作出更大贡献的时代。新时代中国特色社会主义是中国共产党领导人民进行伟大社会革命的成果，也是中国共产党领导人民进行伟大社会革命的继续。

新时代党的面貌、国家的面貌、人民的面貌、军队的面貌、中华民族的面貌发生了前所未有的变化。这些变化，深刻影响了中国，也深刻影响了世界。中国共产党在中国特色社会主义新时代团结带领中国人民迎来中华民族从富起来到强起来的伟大飞跃，迎来实现中华民族伟大复兴的光明前景。

宝贵经验：中国共产党百年历史总结

中国共产党百年历史积累了宝贵经验，这些经验弥足珍贵，概括起来有以下内容。

（一）必须坚持党对一切工作的领导。中国近代以来的历史表明，没有共产党就没有新中国，没有共产党就没有中国特色社会主义。习近平总书记指出：“党政军民学，东西南北中，党是领导一切的。”中国特色社会主义最本质的特征是中国共产党领导，中国特色社会主义制度的最大优势是中国共产党领导，党是最高政治领导力量。我们要坚决维护以习近平同志为核心的党中央权威和集中统一领导，完善坚持党的全面领导的体制机制，提高党把方向、谋大局、定政策、促改革的能力和定力。

（二）必须坚持马克思主义的指导地位。中国共产党是在马克思主义指导下建立起来的无产阶级政党。马克思主义是党的思想旗帜、精神旗帜。习近平总书记指出：“马克思主义是我们立党立国的根本指导思想。背离或放弃马克思主义，我们党就会失去灵魂、迷失方向。”我们必须把马克思主义基本原理同中国实际和时代特征相结合，不断推进马克思主义中国化，用党的创新理论武装全党、教育人民，不断开辟当代中国马克思主义、21 世纪马克思主义新境界。

（三）必须坚持走中国特色社会主义道路。方向决定前途，道路决定命运。习近平总书记指出：“中国特色社会主义不是从天上掉下来的，是党和人民历尽千辛万苦、付出巨大代价取得的根本成就。中国特色社会主义，既是我们必须不断推进的伟大事业，又是我们开辟未来的根本保证。”我们必须始终不渝地既不走封闭僵化的老路，也不走改旗易帜的邪路，而是坚定不移走中国特色社会主义道路。

（四）必须坚持以人民为中心。中国共产党除了工人阶级和最广大人民群众的利益外，没有自己的利益，更没有自己的特殊利益。习近平总书记指出：“人民是我们党执政的最大底气，是我们共和国的坚实根基，是我们强党兴国的根本所在。”我们党来自于人民，为人民而生，因人民而兴，必须始终与人民心心相印、与人民同甘共苦，与人民团结奋斗。我们要坚持全心全意为人民服务的根本宗旨，贯彻群众路线，尊重人民主体地位和首创精神，始终保持同人民群众的血肉联系，凝聚起众志成城的磅礴力量，团结带领人民共同创造历史伟业。

（五）必须坚持把发展作为党执政兴国的第一要务。贫穷不是社会主义，解放和发展社会生产力，增强社会主义国家的综合国力，是社会主义的本质要求。习近平总书记指出："发展是解决我国一切问题的基础和关键。"我们必须坚持新发展理念，把推动高质量发展作为主题，建设现代化经济体系，为中国特色社会主义奠定强大的物质基础。

（六）必须坚持深化改革开放。改革开放是当代中国发展进步的活力之源，是党和人民大踏步赶上时代前进步伐的重要法宝，是坚持和发展中国特色社会主义的必由之路。习近平总书记指出："改革开放是我们党在新的时代条件下带领人民进行的新的伟大革命，是当代中国最鲜明的特色，也是我们党最鲜明的旗帜。"改革开放只有进行时，没有完成时。我们要深化对改革开放规律的认识和运用，坚定改革开放的定力，增强改革开放的勇气，坚定不移将改革开放进行到底。

（七）必须坚持民主集中制。民主集中制是马克思主义政党的根本组织原则。我们党在长期的实践中，丰富发展了民主集中制的内容，使之成为党特有的领导制度和工作制度。习近平总书记指出："民主集中制是我们党的根本组织原则和领导制度，是马克思主义政党区别于其他政党的重要标志。"在新的形势下，我们要坚持好这个根本组织原则，保持和发挥好党这个最大的制度优势。

（八）必须坚持科学执政、民主执政、依法执政。科学执政、民主执政、依法执政，是中国共产党在长期执政实践中探索形成的符合中国国情的执政方式。习近平总书记指出："必须适应国家现代化总进程，提高党科学执政、民主执政、依法执政水平，提高国家机构履职能力，提高人民群众依法管理国家事务、经济社会文化事务、自身事务的能力，实现党、国家、社会各项事务治理制度化、规范化、程序化，不断提高运用中国特色社会主义制度有效治理国家的能力。"我们要将党这个科学有效的执政方式坚持好发展好完善好。

（九）必须坚持社会主义意识形态。马克思主义在意识形态领域的指导地位，是全党全国人民共同团结奋斗的思想基础。习近平总书记指出："做好新形势下宣传思想工作，必须自觉承担起举旗帜、聚民心、育新人、兴文化、展形象的使命任务。"我们必须坚定文化自信，坚持以社会主义核心价值观引领文化建设，大力弘扬以爱国主义为核心的民族精神和以改革创新为核心的时代精神，加强社会主义精神文明建设，为全面建设社会主义现代化国家提供强大的思想保证和有力的文化支持。

（十）必须坚持党对人民军队的绝对领导。拥有强大军队和巩固国防，是无产阶级政党夺取政权并长期执政的基本条件。习近平总书记指出："建设一支听党指挥、能打胜仗、作风优良的人民军队，是实现'两个一百年'奋斗目标、实现中华民族伟大复兴的战略支撑。"我们的军队是在党的领导下孕育产生的、发展壮大的。坚持党对军队的绝对领导，是我军永远不变的军魂，是党长期执政、国家长治久安的根本保障。我们要坚定不移走中国特色强军之路，坚持政治建军、改革强军、科技强军、人才强军、依法治军，全面提高国防和军队现代化水平，把人民军队建设成为世界一流军队。

（十一）必须坚持巩固和发展最广泛的爱国统一战线。统一战线是中国共产党的重要法宝。建立统一战线，实现最广泛的政治团结，扩大社会基础，团结一切可以团结的力量，是中国共产党在各个历史时期，取得胜利的一条成功经验。习近平总书记指出："我们搞统一战线，从来不是为了好看、为了好听，而是因为有用、有大用、有不可或缺的作用。说到底，统一战线是做人的工作，搞统一战线是为了壮大共同奋斗的力量。"我们要不断发展壮大新时代的爱国统一战线，促进政党关系、民族关系、宗教关系、阶层关系、海内外同胞关系和谐，寻求最大公约数，画出最大同心圆，为祖国统一和实现中华民族伟大复兴中国梦增添强大力量。

（十二）必须坚持推进人类和平与发展的崇高事业。中国共产党是为中国人民谋幸福的政党，也是为人类进步事业而奋斗的政党。中国共产党始终把为人类作出新的更大的贡献作为自己的使命。习近平总书记指出："中国共产党所做的一切，就是为中国人民谋幸福、为中华民族谋复兴、为人类谋和平与发展。"我们要高举和平、发展、合作、共赢的旗帜，坚持把握世界发展大势，始终挺立在时代发展的潮头，始终不渝走和平发展道路，始终不渝奉行互利共赢的开放战略，坚持推动构建新型国际关系，推动构建人类命运共同体，加强同各国的友好往来，同各国人民一道，不断把人类和平与发展的崇高事业推向前进。

（十三）必须坚持全面从严治党。中国共产党的伟大不在于不犯错误，而是在于从不讳疾忌医，敢于直面问题，勇于自我革命。习近平总书记指出：“打铁必须自身硬。办好中国的事情，关键在党，关键在坚持党要管党、全面从严治党。”我们党之所以在现代中国各种政治力量反复较量中脱颖而出，根本原因在于党始终保持自我革命精神，一次次拿起手术刀来革除自身病症，一次次靠自己解决了自身问题。我们党要始终拥有领导伟大社会革命的资格，就必须勇于进行伟大的自我革命，不断增强自我净化、自我完善、自我革新、自我提高能力，始终保持党的先进性和纯洁性。我们要不断提高管党治党水平，不断推进党的建设新的伟大工程，把党建设得更加坚强有力。

中国共产党立志千秋伟业，百年正是风华正茂。回顾历史，我们豪情万丈；展望未来，我们心潮澎湃。历史是从昨天走到今天再走向明天的，历史的联系不可割断。中国共产党建党百年，已经团结带领中国人民创造了历史的辉煌。中国共产党今天取得的辉煌，为明天取得更大的辉煌提供了前提，创造了条件，奠定了基础。不忘初心、牢记使命、永远奋斗，中国共产党一定会在执政百年即中华人民共和国成立一百年时，谱写新的篇章，创造出新的更大辉煌。历史在人民的探索和奋斗中造就了中国共产党，中国共产党团结和带领人民创造了历史的辉煌。“看历史，就会看到前途。”学习重温中国共产党百年历史，我们应该坚定中国共产党历史自信，同时，坚定中国人民和中华民族未来自信。

党的百年奋斗主题：实现中华民族伟大复兴*

习近平总书记在庆祝中国共产党成立100周年大会上发表重要讲话，对党的百年奋斗历程进行了全面回顾和系统总结，对党的百年积累的历史经验作了高度提炼和精辟概括，特别是提出了一个重大的全新命题，这就是“一百年来，中国共产党团结带领中国人民进行的一切奋斗、一切牺牲、一切创造，归结起来就是一个主题：实现中华民族伟大复兴”。认真学习领会习近平总书记这一重要论述，对我们全面了解和准确把握党的历史，深刻感悟中国共产党为什么能，马克思主义为什么行，中国特色社会主义为什么好，进一步增强对马克思主义的信仰，对中国特色社会主义的信念，对实现中华民族伟大复兴的信心，开启新征程，奋进新时代，具有十分重要的指导意义。

---

* 原载《中国纪检监察报》2021年7月22日。

中华民族伟大复兴是近代以来中华民族最伟大的梦想

习近平总书记指出："中华民族是世界上伟大的民族，有着5000多年源远流长的文明历史，为人类文明进步作出了不可磨灭的贡献。1840年鸦片战争以后，中国逐步成为半殖民地半封建社会，国家蒙辱、人民蒙难、文明蒙尘，中华民族遭受了前所未有的劫难。从那时起，实现中华民族伟大复兴，就成为中国人民和中华民族最伟大的梦想。"

只有创造过辉煌的民族，才懂得复兴的意义；只有经历过苦难的民族，才对复兴有如此深切的渴望。中华民族创造了灿烂的中华文明，长期走在世界前列，为人类文明进步事业作出了卓越贡献。但是，由于西方列强的入侵和封建统治的腐败，从近代开始，中国陷入了落后挨打的境地，挣扎在半殖民地半封建社会的黑暗深渊中，中国人民是带着自己的首都被八国联军侵占的屈辱进入20世纪的。

自强不息的中华民族，从来没有放弃过对实现民族复兴的向往和追求。为了拯救民族危亡，实现民族复兴，亿万人魂牵梦绕，几代人上下求索，中国人民和无数仁人志士进行了千辛万苦的探索和不屈不挠的斗争。但是，中华民族追求梦想、期盼复兴的道路充满艰辛和曲折。从太平天国运动、戊戌变法到义和团运动，中国人民的一次次努力和奋起抗争都失败了。孙中山领导的辛亥革命，是中国开创了完全意义上的近代民族民主革命，虽然推翻了清王朝的统治，建立了中华民国，结束了统治中国长达两千多年的君主专制制度，对推动中国社会进步具有重大意义，但也未能改变旧中国半殖民地半封建的社会性质和中国人民的悲惨命运。在这一系列艰辛探索中，各种“主义”、各种“方案”都尝试过了，但都以失败而告终。“戊戌六君子”之一的谭嗣同在《有感》诗中写到“四万万人齐下泪，天涯何处是神州”，道出了无数仁人志士的爱国之情和忧国之心。

近代中国历史表明，旧式的农民战争和软弱的资产阶级革命都不可能完成中华民族救亡图存和反帝反封建的历史任务，更不可能承担起实现中华民族伟大复兴的历史使命。中国迫切需要新的思想引领救亡运动，迫切需要新的组织凝聚革命力量。

中国共产党成立后义无反顾地肩负起实现中华民族伟大复兴的历史重任

习近平总书记指出：“十月革命一声炮响，给中国送来了马克思列宁主义。在中国人民和中华民族的伟大觉醒中，在马克思列宁主义同中国工人运动的紧密结合中，中国共产党应运而生。中国产生了共产党，这是开天辟地的大事变，深刻改变了近代以后中华民族发展的方向和进程，深刻改变了中国人民和中华民族的前途和命运，深刻改变了世界发展的趋势和格局。”

中国工人阶级及其政党——中国共产党是在中国人民和无数仁人志士接续探索和努力遭到失败后，登上中国政治舞台的。中国共产党这个新型的马克思主义政党一登上中国政治舞台，就以从前中国所有政治力量不曾有过的姿态和面貌出现在中国人民面前。“中国共产党一经诞生，就把为中国人民谋幸福、为中华民族谋复兴确立为自己的初心使命。”因为有了中国共产党，从此中国人民的精神状态开始由被动转为主动，中国社会的发展就改换了方向，中国革命的面貌就焕然一新了。为了实现中华民族伟大复兴，无论是弱小还是强大，无论是顺境还是逆境，我们党都初心不改、矢志不渝，团结带领中国人民不畏强敌、不惧风险、敢于斗争、勇于胜利。为了实现中华民族伟大复兴，不管形势和任务如何变化，不管遇到什么样的惊涛骇浪，我们党都始终把握历史主动、锚定奋斗目标，沿着正确方向坚定前行。为了实现中华民族伟大复兴，一代又一代中国共产党人，前仆后继、浴血奋战，艰苦奋斗、无私奉献，谱写了气吞山河的壮丽史诗。牢记和践行党的初心使命，成为贯穿我们党百年奋斗历史的一条红线。

中国近现代历史 180 多年，其中中国共产党的历史占了 100 年。我们党的百年奋斗历史是中国近现代历史中最为可歌可泣的壮美篇章。中国共产党的百年历史划分为四个历史时期，这四个时期的主要任务都是围绕着实现中华民族伟大复兴的主题来展开的。这四个历史时期分别是：从 1921 年 7 月中国共产党建立至 1949 年 10 月中华人民共和国成立，是新民主主义革命时期。在这个时期，我们党肩负的历史任务，是团结带领中国人民反帝反封建，完成救国大业。“革命”是这一时期的关键词。从 1949 年 10 月至 1978 年 12 月党的十一届三中全会召开，是社会主义革命和建设时期。在这个时期，我们党肩负的历史任务，是团结带领中国人民进行社会主义革命，开展社会主义建设，完成兴国大业。“建设”是这一时期的关键词。从 1978 年 12 月至 2012 年 11 月党的十八大召开，是改革开放和社会主义现代化建设新时期。在这个时期，我们党肩负的历史任务，是团结带领中国人民摆脱贫穷、实行改革开放、加快社会主义现代化建设，推进富国大业。“改革”是这一时期的关键词。从 2012 年 11 月至今是中国特色社会主义新时代。在这个时期，我们党肩负的历史任务，是团结带领中国人民，全面建成小康社会、开启全面建设社会主义现代化国家新征程、推进和将在本世纪中叶完成强国大业，实现中华民族伟大复兴的中国梦。“复兴”是这一时期的关键词。从党的百年历程的四个历史时期，我们可以清晰地看到，实现中华民族伟大复兴是贯通党的百年历史的主题。

中国共产党百年奋斗在实现中华民族伟大复兴历史进程中的历史地位和重大意义

习近平总书记以深刻的历史思维、深邃的历史眼光和深厚的历史智慧，在讲话中集中阐述了中国共产党百年来团结带领中国人民，在实现中华民族伟大复兴历史进程中，创造出的四个伟大成就，形成的四个历史性标识，向世界作出的四个庄严宣告，在实现中华民族伟大复兴历史进程中标定的党的四个历史时期的重要历史地位。

创造了四个伟大成就。四个伟大成就是我们党团结带领中国人民持续努力、接续奋斗而创造的。习近平总书记强调指出：为了实现中华民族伟大复兴，中国共产党团结带领中国人民，先后创造了“新民主主义革命的伟大成就”“社会主义革命和建设的伟大成就”“改革开放和社会主义现代化建设的伟大成就”“新时代中国特色社会主义的伟大成就”。我们经过北伐战争、土地革命战争、抗日战争、解放战争，以武装的革命反对武装的反革命，推翻帝国主义、封建主义、官僚资本主义三座大山，建立了人民当家作主的中华人民共和国，实现了民族独立、人民解放。我们进行社会主义革命，消灭在中国延续几千年的封建剥削压迫制度，确立社会主义基本制度，推进社会主义建设，战胜帝国主义、霸权主义的颠覆破坏和武装挑衅，实现了中华民族有史以来最为广泛而深刻的社会变革，实现了一穷二白、人口众多的东方大国大步迈进社会主义社会的伟大飞跃。我们实现新中国成立以来党的历史上具有深远意义的伟大转折，确立党在社会主义初级阶段的基本路线，坚定不移推进改革开放，战胜来自各方面的风险挑战，开创、坚持、捍卫、发展中国特色社会主义，实现了从高度集中的计划经济体制到充满活力的社会主义市场经济体制、从封闭半封闭到全方位开放的历史性转变，实现了从生产力相对落后的状况到经济总量跃居世界第二的历史性突破，实现了人民生活从温饱不足到总体小康、奔向全面小康的历史性跨越。党的十八大以来，中国特色社会主义进入新时代，我们坚持和加强党的全面领导，统筹推进“五位一体”总体布局、协调推进“四个全面”战略布局，坚持和完善中国特色社会主义制度、推进国家治理体系和治理能力现代化，坚持依规治党、形成比较完善的党内法规体系，战胜一系列重大风险挑战，实现第一个百年奋斗目标，明确实现第二个百年奋斗目标的战略安排。一百年来，中国共产党团结带领中国人民，以“为有牺牲多壮志，敢教日月换新天”的大无畏气概，书写了中华民族几千年历史上最恢宏的史诗。这一百年来开辟的伟大道路、创造的伟大事业、取得的伟大成就，必将载入中华民族发展史册、人类文明发展史册！

形成了四个历史性标识。四个伟大成就是在党的四个历史时期取得的。在四个历史时期，根据不同的时代背景和历史条件，依据我们党团结和带领中国人民要完成的不同历史任务，形成了四个历史性标识。这就是习近平总书记指出的：中国共产党团结带领中国人民，浴血奋战、百折不挠，创造了新民主主义革命的伟大成就。“浴血奋战、百折不挠”，是这一时期中国共产党和中国人民伟大奋斗的生动写照和时代品格。中国共产党团结带领中国人民，自力更生、发愤图强，创造了社会主义革命和建设的伟大成就。“自力更生、发愤图强”，是这一时期中国共产党和中国人民伟大奋斗的生动写照和时代品格。中国共产党团结带领中国人民，解放思想、锐意进取，创造了改革开放和社会主义现代化建设的伟大成就。“解放思想、锐意进取”，是这一时期中国共产党和中国人民伟大奋斗的生动写照和时代品格。中国共产党团结带领中国人民，自信自强、守正创新，统揽伟大斗争、伟大工程、伟大事业、伟大梦想，创造了新时代中国特色社会主义的伟大成就。“自信自强、守正创新”，是这一时期中国共产党和中国人民伟大奋斗的生动写照和时代品格。

向世界作出了四个庄严宣告。四个伟大成就，以雄辩的历史事实，向世界作出了四个庄严宣告。这就是习近平总书记所指出的：夺取新民主主义革命的胜利，“中国共产党和中国人民以英勇顽强的奋斗向世界庄严宣告，中国人民站起来了，中华民族任人宰割、饱受欺凌的时代一去不复返了！”完成社会主义革命、推进社会主义建设，“中国共产党和中国人民以英勇顽强的奋斗向世界庄严宣告，中国人民不但善于破坏一个旧世界、也善于建设一个新世界，只有社会主义才能救中国，只有社会主义才能发展中国！”进行改革开放新的伟大革命，推进社会主义现代化建设，“中国共产党和中国人民以英勇顽强的奋斗向世界庄严宣告，改革开放是决定当代中国前途命运的关键一招，中国大踏步赶上了时代！”中国特色社会主义进入新时代，“中国共产党和中国人民以英勇顽强的奋斗向世界庄严宣告，中华民族迎来了从站起来、富起来到强起来的伟大飞跃，实现中华民族伟大复兴进入了不可逆转的历史进程！”从四个庄严宣告可以得出这样一些基本结论，这就是:“没有中国共产党，就没有新中国”“只有中国共产党才能领导中国，只有社会主义才能救中国，只有改革开放才能发展中国、发展社会主义、发展马克思主义，只有中国特色社会主义道路才能引领中国走向繁荣富强”。这是党和人民从历史中得到的真理性认识，体现了理论与实践的有机结合，历史与逻辑的辩证统一。

四个伟大成就和四个庄严宣告见证了中国共产党百年的光辉历程，标定了党的四个历史时期在实现中华民族伟大复兴历史进程中的重要历史地位。新民主主义革命的胜利，彻底结束了旧中国半殖民地半封建社会的历史，彻底结束了旧中国一盘散沙的局面，彻底废除了列强强加给中国的不平等条约和帝国主义在中国的一切特权，为实现中华民族伟大复兴创造了根本社会条件。社会主义革命和建设取得的巨大成就，为实现中华民族伟大复兴奠定了根本政治前提和制度基础。改革开放和社会主义现代化建设取得的举世瞩目的成就，为实现中华民族伟大复兴提供了充满新的活力的体制保证和快速发展的物质条件。中国特色社会主义新时代党和国家事业取得的历史性成就、发生的历史性变革，为实现中华民族伟大复兴提供了更为完善的制度保证、更为坚实的物质基础、更为主动的精神力量。

中国共产党百年伟大贡献*

中国共产党成立 100 年了。这是矢志践行初心使命的 100 年，是筚路蓝缕奠基立业的 100 年，是创造辉煌开辟未来的 100 年。100 年来，中国共产党为国家、为人民、为民族、为世界作出了彪炳史册的伟大贡献。

中国共产党对国家的伟大贡献

习近平总书记指出："落后就要挨打，发展才能自强。"100 年来，中国共产党对国家的伟大贡献，体现在彻底改变了近代以后 100 多年中国积贫积弱、受人欺凌的悲惨命运，中华民族走上了实现伟大复兴的壮阔道路。

从 1840 年鸦片战争到 1949 年新中国成立之前，中国是一个半殖民地半封建社会。在 100 多年时间里，世界上几乎所有的帝国主义国家都侵略过中国，逼迫中国赔款、割地、开放通商口岸，给外

* 原载《人民日报》2021 年 3 月 30 日。

国人以法外特权。中国共产党成立后，团结带领人民经过 28 年浴血奋战，打败日本帝国主义，推翻国民党反动统治，取得新民主主义革命胜利，建立了中华人民共和国。新中国的成立，彻底结束了旧中国半殖民地半封建社会的历史，彻底结束了旧中国一盘散沙的局面，彻底废除了列强强加给中国的不平等条约和帝国主义在中国的一切特权，开启了中国历史新纪元。

在抗美援朝战争中，中国人民志愿军打出了国威军威，有效维护了国家的独立和安全。彭德怀同志《关于中国人民志愿军抗美援朝工作的报告》讲了这样一段话："西方侵略者几百年来只要在东方一个海岸上架起几尊大炮就可霸占一个国家的时代是一去不复返了"。邓小平同志说，中华人民共和国的成立，"中国取得了一个资格：人们不敢轻视我们"。随着社会主义改造完成，我国建立起社会主义基本制度，并开始大规模进行社会主义建设，建立了独立的比较完整的工业体系和国民经济体系，在核技术、人造卫星、运载火箭等尖端国防科技领域实现了零的突破。

党的十一届三中全会以来，我们党作出实行改革开放的历史性决策，极大地解放和发展了社会生产力。中国大踏步赶上时代潮流，用几十年时间走完了西方发达国家几百年走过的工业化历程，建立了全世界最完整的现代工业体系，成为世界第二大经济体。进入新时代，我们党团结带领人民进行伟大斗争、建设伟大工程、推进伟大事业、实现伟大梦想，推动党和国家事业取得全方位、开创性历史成就，发生深层次、根本性历史变革。我国在高温超导、纳米材料、生命科学、载人航天、探月工程、量子科学、深海探测、超级计算、北斗导航、大飞机制造、高铁等战略高技术领域取得重大原创性成果，基础设施现代化跃居世界前列，高铁总里程超过世界高铁总里程的2/3，高速公路里程居世界第一，建成全球最大5G网络等。我国的经济实力、科技实力、国防实力、综合国力极大增强。

党的十九大擘画了实现中华民族伟大复兴中国梦的宏伟蓝图，提出到2035年基本实现社会主义现代化，到本世纪中叶把我国建成富强民主文明和谐美丽的社会主义现代化强国。一个开启全面建设社会主义现代化国家新征程、向第二个百年奋斗目标进军的中国，已经展现在世人面前。

中国共产党对中国人民的伟大贡献

习近平总书记指出："我们党来自人民、扎根人民、造福人民，全心全意为人民服务是党的根本宗旨"。100年来，中国共产党对人民的伟大贡献，体现在使人民翻身解放、当家作主，真正成为国家、社会和自己命运的主人，促进人的全面发展和社会全面进步，使全体人民朝着共同富裕的目标不断迈进。

在旧中国，广大人民尤其是占中国人口绝大多数的农民日益贫困化以至大批地破产，他们过着饥寒交迫和毫无政治权利的生活。1949年，全国居民人均预期寿命只有35岁。新中国成立后，在党的领导下，我国确立了人民民主专政的国体和人民代表大会制度的政体，人民真正成为国家、社会和自己命运的主人。

在经济上，随着生产力的发展，人民生活水平不断提高。我国用占全球6.6%的淡水资源和9%的耕地养活了占世界近20%的人口，而且满足了高质量、多样化的农产品消费需求。人民吃穿用不愁，家电全面普及，汽车快速进入寻常百姓家。形成人数超过 4 亿的世界上规模最大的中等收入群体。我国人均国内生产总值持续快速增长，已突破 1 万美元，实现从低收入到下中等收入再到上中等收入的跨越。

在政治上，人民群众享有广泛真实管用的民主，从各层次各领域有序参与政治生活。改革开放以来，社会主义民主政治不断发展，人民当家作主制度保障不断加强，社会主义协商民主优越性充分发挥，爱国统一战线更加巩固，社会治理方式不断创新，依法治国实践得到进一步深化，社会长期保持稳定。

在文化上，坚持马克思主义在意识形态领域的指导地位，积极培育和践行社会主义核心价值观，发展社会主义先进文化，加强社会主义精神文明建设，大力弘扬以爱国主义为核心的民族精神和以改革创新为核心的时代精神，党的创新理论和爱国主义、集体主义、社会主义深入人心，促进人的全面发展和社会全面进步。

在民生上，教育事业全面发展，教育普及程度超过中高收入国家平均水平，高等教育进入普及化阶段。就业结构不断优化，城镇登记失业率保持在较低水平。城镇化率不断提高，城镇常住人口 2019 年增加到 8.48 亿。我国建成了包括养老、医疗、低保、住房在内的世界最大的社会保障体系，基本养老保险覆盖近 10 亿人，基本医疗保险覆盖超过 13 亿人，居民人均预期寿命 2019 年达到 77.3 岁。

在生态上，大力推进生态文明建设，提供更多优质生态产品，不断满足人民日益增长的优美生态环境需要。坚决打赢蓝天保卫战，还老百姓蓝天白云、繁星闪烁；深入实施水污染防治行动计划，还老百姓清水绿岸、鱼翔浅底；全面落实土壤污染防治行动计划，坚持生态惠民、生态利民、生态为民，让老百姓吃得放心、住得安心。

在扶贫上，创造了人类减贫史上的奇迹。党的十八大以来，精准扶贫、精准脱贫力度之大、效果之彰，在人类历史上前所未有。平均每年 1000 多万人脱贫，相当于一个中等国家人口的规模。改革开放以来，按照现行贫困标准计算，累计减少农村贫困人口 7.7 亿，成为世界减贫人口最多的国家，是第一个完成联合国千年发展目标中减贫目标的发展中国家，对全球减贫贡献率超过 70%，在解决困扰中华民族几千年的绝对贫困问题上取得了伟大历史性成就。

总之，我国在幼有所育、学有所教、劳有所得、病有所医、老有所养、住有所居、弱有所扶上持续取得新进展，使发展成果更多更公平惠及全体人民，人民群众的获得感、幸福感、安全感不断增强，共同富裕的本质要求在现实生活中逐步得以体现。中国人民迎来了从温饱不足到小康富裕的伟大飞跃。

中国共产党对中华民族的伟大贡献

习近平总书记指出：“实现中华民族伟大复兴，是近代以来中国人民最伟大的梦想。”100 年来，中国共产党对中华民族的伟大贡献，体现在实现了中华民族从“东亚病夫”到站起来的伟大飞跃，推进了中华民族从站起来到富起来的伟大飞跃，中华民族迎来了从富起来到强起来的伟大飞跃。

新中国成立以前，帝国主义国家将中华民族视为劣等民族、斥为“东亚病夫”，任意欺凌侮辱。中国共产党带领中国人民为争取民族独立进行了不屈不挠的斗争。抗日战争是近代以来中国人民第一次取得完全胜利的民族解放斗争，中国共产党在战争中发挥了中流砥柱作用。抗日战争成为中华民族走向伟大复兴的历史转折点。新中国成立后，中国共产党始终坚决维护国家的主权、安全、发展利益。

中国共产党提出“和平统一、一国两制”重大方针，相继恢复对香港、澳门行使主权，洗雪了中华民族百年屈辱。我们党始终着眼于中华民族整体利益和长远利益，坚定维护国家主权和领土完整，团结全体中华儿女，推动海峡两岸关系和平发展，坚决挫败各种制造“台独”的图谋，取得一系列反分裂斗争的重大胜利。在涉藏、涉疆、涉港、涉海等问题上，坚决同国内外敌对势力作斗争，维护了中华民族的整体利益。

我国有 56 个民族，共同组成一个多民族的大家庭。中国共产党坚持马克思主义民族理论和政策，从中国实际出发，实行民族区域自治制度，坚持各民族一律平等，全面贯彻党的民族政策，建立起平等团结互助和谐的社会主义民族关系，不断铸牢中华民族共同体意识，加强各民族交往交流交融，促进各民族共同团结奋斗、共同繁荣发展。

中国共产党为国家立心、为民族铸魂，大力传承和弘扬中华优秀传统文化，推动其实现创造性转化和创新性发展。中华文化得以发扬光大，并不断走向世界。中国人民的民族自信心和自豪感不断增强。

中国共产党在领导人民推进社会主义现代化建设的进程中，创造了经济快速发展奇迹和社会长期稳定奇迹，走出了一条中国式现代化道路。这个现代化具有中国特色，是人口规模巨大的现代化，是全体人民共同富裕的现代化，是物质文明和精神文明相协调的现代化，是人与自然和谐共生的现代化，是走和平发展道路的现代化。在人类现代化进程中，实现现代化的国家人口不超过10亿。中国共产党更好地把14亿人民组织起来、动员起来全面建设社会主义现代化国家，在中华民族发展史上、在人类历史上都具有极其重大而深远的意义。

中国共产党对世界的伟大贡献

习近平总书记指出："中国共产党是为中国人民谋幸福的政党，也是为人类进步事业而奋斗的政党。"100年来，中国共产党对世界的伟大贡献，体现在实现了中国从落后于时代到赶上时代、引领时代，从近代以来对人类进步事业贡献较小到贡献较大的历史性转变。

我们党领导的革命事业，得到世界上爱好和平正义的国家、人民的支持和帮助。同时，我们党也尽自己的最大努力，支持和帮助全世界被压迫民族和人民争取民族独立和人民解放的正义事业。新中国成立后，我国积极倡导和坚定实践和平共处五项原则，使这一原则得到国际社会广泛认可，并成为处理国际关系的重要准则。长期以来，中国共产党和中国人民坚持独立自主原则，坚定维护广大发展中国家的利益，坚持国家不分大小、强弱、贫富一律平等，坚

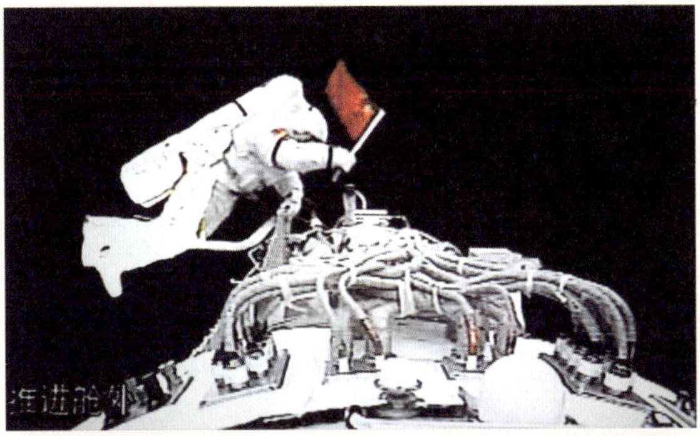

①	②
③	④

①2008 年 9 月 27 日，执行“神舟七号”载人航天飞行出舱活动任务的航天员翟志刚在舱外挥舞中国国旗。

②2010 年 1 月，内蒙古武川县可可以力更镇巨字号村村民领到养老金。

③北京奥运会前夕，身着各民族服饰的学生共同举起奥运会火炬“祥云”。

④中欧班列从西安国际港站驶出开往明斯克。

决反对殖民主义、霸权主义和强权政治。

改革开放以来，我国高举和平、发展、合作、共赢的旗帜，坚持独立自主的和平外交政策，坚持互利共赢的开放战略，坚定维护国际关系基本准则，维护国际公平正义，积极推进全球伙伴关系建设。党的十八大以来，我们党提出推动构建人类命运共同体，推动构建新型国际关系，倡导共建"一带一路"。"一带一路"建设为参与国家和地区人民带来福祉。2008 年国际金融危机发生后，中国成为全球经济增长的稳定器和动力引擎，连续多年对世界经济增长贡献率超过 30%。2020 年，受新冠肺炎疫情冲击，世界经济严重衰退。我国全年国内生产总值增长 2.3%，成为全球唯一实现经济正增长的主要经济体，为全球经济带来积极溢出效应，对全球经济企稳回升起到重要作用。

我国坚持共同、综合、合作、可持续的安全观，积极参与斡旋解决地缘政治热点问题。到目前为止，累计派出 4 万余人次维和人员，成为联合国维和行动第二大出资国和常任理事国派出维和人员最多的国家。我国在减贫、反腐、维和、反恐、气候变化、消除地区热点、环境治理、有效应对疫情和自然灾害等方面，坚持原则，伸张正义，创新理念，设置议题，求同存异，对话沟通，成为世界和平的建设者、全球发展的贡献者、国际秩序的维护者。

长期以来，中国共产党和中国人民为广大发展中国家提供了大量无偿援助、优惠贷款，提供了大量技术支持、人员支持、智力支持，为广大发展中国家建成了大批经济社会发展和民生改善项目。

我国改革开放和社会主义现代化建设的成功，在世界上高高举起了中国特色社会主义伟大旗帜，使科学社会主义在 21 世纪的中国焕发出强大生机活力；为世界上那些既希望加快发展又希望保持自身独立性的国家和民族提供了全新选择，为解决人类问题贡献了中国智慧和中国方案。

深入领会党百年奋斗的历史经验*

我们党自1921年成立以来，始终把为中国人民谋幸福、为中华民族谋复兴作为自己的初心使命，始终坚持共产主义理想和社会主义信念，团结带领全国各族人民为争取民族独立、人民解放和实现国家富强、人民幸福而不懈奋斗，已经走过百年光辉历程。党领导人民进行伟大奋斗，在进取中突破，于挫折中奋起，从总结中提高，积累了宝贵的历史经验。习近平总书记指出："我们党一步步走过来，很重要的一条就是不断总结经验、提高本领，不断提高应对风险、迎接挑战、化险为夷的能力水平。"中国共产党百年奋斗的历史经验弥足珍贵，是党团结带领人民取得成功、创造辉煌的秘诀，更是党团结带领人民继续取得成功、创造更大辉煌的重要指引。

---

* 原载《人民日报》2022年1月11日。

“十个坚持”是党对百年奋斗历史经验的深刻总结

党的十九届六中全会通过的《中共中央关于党的百年奋斗重大成就和历史经验的决议》(以下简称《决议》),对党的百年奋斗历史经验进行了总结,概括提炼了“十个坚持”。这就是:坚持党的领导,坚持人民至上,坚持理论创新,坚持独立自主,坚持中国道路,坚持胸怀天下,坚持开拓创新,坚持敢于斗争,坚持统一战线,坚持自我革命。

习近平总书记指出:“这十条历史经验是系统完整、相互贯通的有机整体,揭示了党和人民事业不断成功的根本保证,揭示了党始终立于不败之地的力量源泉,揭示了党始终掌握历史主动的根本原因,揭示了党永葆先进性和纯洁性、始终走在时代前列的根本途径。”

“十个坚持”历史经验不是从天上掉下来的,也不是从书本上抄下来的,更不是从别的国家照搬过来的,而是党团结带领人民历经千辛万苦、饱经雨雪风霜、付出各种代价,在长期的探索、实践、奋斗、创造中积累下来的,饱含着成败和得失,凝结着鲜血和汗水,充满着智慧和勇毅。

“十个坚持”历史经验是在唯物史观、大历史观、正确党史观的指导下认真总结的;是在以习近平同志为核心的党中央的坚强领导下,在集中全党智慧、听取各方面意见建议的基础上认真总结的;是在充分尊重党作出的前两个历史决议和改革开放以来历次党的全国代表大会、中央全会以及党的主要领导对党的重大事件、重要会议、重要人物所作的评价的基础上认真总结的；是在及时采纳和吸收党史研究领域最新研究成果的基础上认真总结的。

“十个坚持”历史经验提供给我们的是标尺，告诉我们什么是正确、什么是错误，什么是真理、什么是谬误，从而能够分清是非、统一思想、加强团结、凝聚力量；提供给我们的是昭示，告诉我们什么是主观、什么是客观，什么是普遍性、什么是特殊性，从而能够坚持一切从实际出发，实事求是，深化对规律的认识；提供给我们的是动力，告诉我们什么是物质、什么是精神，什么是主动、什么是被动，从而能够坚定决心和意志，增强继续前行的勇气和力量。

“十个坚持”历史经验是相互贯通、相互联系、有机统一的整体

《决议》回顾了党百年恢宏壮丽的奋斗历程，展示了一个百年大党的清醒和成熟。一百年来，党领导人民浴血奋战、百折不挠，创造了新民主主义革命的伟大成就；自力更生、发愤图强，创造了社会主义革命和建设的伟大成就；解放思想、锐意进取，创造了改革开放和社会主义现代化建设的伟大成就；自信自强、守正创新，创造了新时代中国特色社会主义的伟大成就。“十个坚持”贯通历史、现在、未来，是对新民主主义革命时期、社会主义革命和建设时期、改革开放和社会主义现代化建设新时期、中国特色社会主义新时代全部经验的深刻总结。

“十个坚持”历史经验是一个完整的体系，是环环相扣的完整

链条。涉及党和人民事业的方方面面，涉及革命、建设、改革的方方面面，涉及治党治国治军的方方面面，涉及内政外交国防的方方面面。讲到了领导力量问题、依靠力量问题、精神旗帜问题、重大原则问题、方向道路问题，也讲到了外部关系问题、前进动力问题、实现途径问题、壮大力量问题、政治保证问题。

“十个坚持”历史经验是相互联系、相辅相成的。坚持党的领导位列首位，是打头的、管总的、起关键作用的。第二条历史经验是坚持人民至上，这是因为党为人民而生，因人民而兴。党来自人民、植根人民、服务人民。党的根基在人民、血脉在人民、力量在人民。党的宗旨是全心全意为人民服务。第三条历史经验是坚持理论创新，这是因为马克思主义和马克思主义中国化成果，是党团结带领人民前进的思想旗帜和行动指南。第四条历史经验是坚持独立自主，这是因为独立自主是中华民族精神之魂，是我们立党立国的重要原则；走自己的路，是党百年奋斗得出的历史结论。第五条历史经验是坚持中国道路，这是因为方向决定道路，道路决定命运。我们党领导人民探索并走出了农村包围城市、武装夺取政权的革命道路和中国特色社会主义道路。中国特色社会主义道路是创造人民美好生活、实现中华民族伟大复兴的康庄大道。第六条历史经验是坚持胸怀天下，这是因为大道之行，天下为公。我们党不仅是为中国人民谋幸福、为中华民族谋复兴的党，也是为人类谋进步、为世界谋大同的党。第七条历史经验是坚持开拓创新，这是因为创新是一个国家、一个民族发展进步的不竭动力。党的波澜壮阔的历史告诉我们，越是伟大的事业，越充满艰难险阻，越需要艰苦奋斗，越需要开拓创新。第八条历史经验是坚持敢于斗争，这是因为敢于斗争是中国共产党人的鲜明政治品格，党和人民取得的一切成就，不是天上掉下来的，不是别人恩赐的，而是通过不断斗争取得的；党依靠斗争走到了今天，也必然要依靠斗争赢得未来。第九条历史经验是坚持统一战线，这是因为党的历史表明，团结就是力量。建立最广泛的统一战线，是党克敌制胜的重要法宝，也是党执政兴国的重要法宝。第十条历史经验是坚持自我革命，这是因为勇于自我革命是中国共产党区别于其他政党的显著标志。自我革命精神是党永葆青春活力的强大支撑。先进的马克思主义政党不是天生的，而是在不断自我革命中淬炼而成的。坚持自我革命是收尾的、压底的、起保证作用的。这一条做到了、做好了，党就会始终得到人民群众的支持和拥护，党就会永远立于不败之地。

“十个坚持”历史经验与“九个必须”根本要求密不可分、相得益彰

《决议》对党的百年奋斗历史经验总结了“十个坚持”。习近平总书记在庆祝中国共产党成立 100 周年大会上的重要讲话，在总结党的百年奋斗中阐述党过去为什么能够成功、未来怎样才能继续成功时，概括了“九个必须”根本要求，这也是对党的百年奋斗历史经验的总结。这“九个必须”是：必须坚持中国共产党坚强领导，必须团结带领中国人民不断为美好生活而奋斗，必须继续推进马克思主义中国化，必须坚持和发展中国特色社会主义，必须加快国防和军队现代化，必须不断推动构建人类命运共同体，必须进行具有许多新的历史特点的伟大斗争，必须加强中华儿女大团结，必须不

断推进党的建设新的伟大工程。“九个必须”根本要求与“十个坚持”历史经验内容关照、逻辑相合、精神统一。

“十个坚持”同“九个必须”的排列组合和逻辑关系完全相合。比如，两个第一条都是强调党的领导，两个第二条都是强调人民立场，两个第三条都是强调理论创新，“十个坚持”的第五条与“九个必须”的第四条都是强调中国道路，两个第六条都是强调胸怀天下，“十个坚持”的第八条与“九个必须”的第七条都是强调敢于斗争，两个倒数第二条都是强调统一战线，两个最后一条都是强调党的建设。在《决议》中将独立自主、开拓创新单独列两条，这是对走中国道路问题的特别强调和进一步展开。因为坚持中国道路，必须坚持独立自主，必须坚持开拓创新。《决议》对国防和军队现代化没有单列，但这一条仍然十分重要，因为党的历史告诉我们：“没有一个人民的军队，便没有人民的一切。”强国必须强军，军强才能国安。实现中华民族伟大复兴，必须加快国防和军队现代化，这是捍卫国家主权、安全、发展利益的重要战略支撑。

如上所述，将“十个坚持”历史经验与“九个必须”根本要求作一对照，可以发现打头的都是坚持党的领导，收尾的都是加强党的建设。每一条内容上相互联系、相互促进，缺一不可、相辅相成。因此，学习领会《决议》精神，必须把“十个坚持”历史经验和“九个必须”根本要求结合起来，一体学习领会，一体贯彻落实。

“十个坚持”历史经验是新时代赢得未来的科学引领

“十个坚持”是党百年奋斗的历史经验，是党和人民共同创造的精神财富，我们必须倍加珍惜、长期坚持，并在新时代实践中不断丰富和发展。

始终坚持党的领导。中国共产党是领导我们事业的核心力量。我们必须坚持党的全面领导特别是党中央集中统一领导，坚持民主集中制，确保党始终总揽全局、协调各方。只要我们坚持党的全面领导不动摇，坚决维护党的核心和党中央权威，充分发挥党的领导政治优势，把党的领导落实到党和国家事业各领域各方面各环节，就一定能确保全党全军全国各族人民团结一致向前进。

始终坚持人民至上。中国共产党代表中国最广大人民的根本利益，没有任何自己的特殊利益，只要我们始终坚持全心全意为人民服务的根本宗旨，坚持党的群众路线，坚持发展为了人民、发展依靠人民、发展成果由人民共享，坚定不移走全体人民共同富裕道路，就一定能够领导人民夺取中国特色社会主义新的更大胜利。

始终坚持理论创新。马克思主义是我们立党立国、兴党强国的根本指导思想。我们必须坚持把马克思主义基本原理同中国具体实际相结合、同中华优秀传统文化相结合，及时回答时代之问、人民之问，不断推进马克思主义中国化时代化，让当代中国马克思主义、二十一世纪马克思主义放射出更加耀眼的真理光芒。

始终坚持独立自主。独立自主是中华民族精神之魂，是我们立党立国的重要原则。过去党坚持独立自主开拓了前进的正确道路，未来也必须把国家和民族的发展放在自己力量的基点上，坚持中国的事情必须由中国人民自己作主张、自己来处理。只要我们坚持独立自主、自力更生，既虚心学习借鉴国外的有益经验，又坚定民族自尊心和自信心，不信邪、不怕压，就一定能够把中国发展进步的命运始终牢牢掌握在自己手中。

始终坚持中国道路。党在百年奋斗中始终坚持从我国国情出发，探索并形成了符合中国实际的正确道路。只要我们既不走封闭僵化的老路，也不走改旗易帜的邪路，坚定不移走中国特色社会主义道路，就一定能够把我国建设成为富强民主文明和谐美丽的社会主义现代化强国。

始终坚持胸怀天下。党始终以世界眼光关注人类前途命运，从人类发展大潮流、世界变化大格局、中国发展大历史正确认识和处理同外部世界的关系。只要我们坚持和平发展道路，坚持开放，坚持互利共赢，坚持主持公道和伸张正义，站在历史正确的一边，站在人类进步的一边，就一定能够不断为人类文明进步贡献智慧和力量，同世界各国人民一道，推动历史车轮向着光明的前途前进。

始终坚持开拓创新。创新是一个国家、一个民族发展进步的不竭动力。党领导人民披荆斩棘、上下求索、奋力开拓、锐意进取，不断推进理论创新、实践创新、制度创新、文化创新以及其他各方面创新，敢为天下先，走出了前人没有走出的路。只要我们顺应时代潮流，回应人民要求，勇于推进改革，准确识变、科学应变、主动求变，永不僵化、永不停滞，就一定能够创造出更多令人刮目相看的人间奇迹。

始终坚持敢于斗争。敢于斗争、敢于胜利，是党和人民不可战胜的强大精神力量。我们党在内忧外患中诞生，在历经磨难中成长，在攻坚克难中壮大。只要我们把握新的伟大斗争的历史特点，抓住和用好历史机遇，下好先手棋、打好主动仗，发扬斗争精神，增强斗争本领，凝聚起全党全国人民的意志和力量，就一定能够战胜一切可以预见和难以预见的风险挑战。

始终坚持统一战线。团结一切可以团结的力量，建立最广泛的统一战线，是我们党在革命、建设、改革各个历史时期取得胜利的一条重要经验。只要我们不断巩固和发展各民族大团结、全国人民大团结、全体中华儿女大团结，铸牢中华民族共同体意识，形成海内外全体中华儿女心往一处想、劲往一处使的生动局面，就一定能够汇聚起实现中华民族伟大复兴的磅礴伟力。

始终坚持自我革命。我们党之所以伟大，不在于不犯错误，而在于从不讳疾忌医，敢于直面问题，勇于自我革命。自我革命，是我们党对如何跳出历史周期率给出的新的答案。只要我们不断清除一切损害党的先进性和纯洁性的因素，不断清除一切侵蚀党的健康肌体的病毒，就一定能够确保党不变质、不变色、不变味，确保党在新时代坚持和发展中国特色社会主义的历史进程中始终成为坚强领导核心。

在历史中读懂 70 年发展启示*

——《瞭望》新闻周刊记者专访中共中央党史和文献研究院院长曲青山

历史，是一个民族走向未来的基石。每一次对历史的回眸，都是一次思想的洗礼、精神的升华，更能照亮现实、启迪未来。

从历史走向未来，千秋伟业，百年恰是风华正茂。在即将迎来新中国成立 70 周年华诞之际，如何从党史、新中国史中读懂 70 年来积累的宝贵经验和发展启示？《瞭望》新闻周刊记者就此专访了中共中央党史和文献研究院院长曲青山。

中国奇迹的“一”“二”“三”

《瞭望》：70 年高岸深谷，70 年披荆斩棘，新中国走过了不平凡的光辉历程。透过岁月的洗礼，该怎样认识和评价 70 年的奋斗历程？

---

* 原载《瞭望》2019 年第 38 期。

曲青山：新中国70年的光辉历程，宛如一幅气势磅礴而又绚丽多彩的画卷，已经深深地镌刻在中国共产党成长壮大、中华民族发展进步的历史丰碑之上。

我们可以从时间维度上，对这段历史做个回顾。以党的十一届三中全会为界标，新中国的历史可以划分为改革开放前的历史时期和改革开放后的历史时期。从1949年10月中华人民共和国成立至1978年12月党的十一届三中全会召开，是我国社会主义革命和建设时期。从1978年12月党的十一届三中全会召开至今，是我国改革开放和社会主义现代化建设新时期。这是两个相互联系又有重大区别的时期，但本质上都是我们党领导人民进行社会主义建设的实践探索。

新时期的历史没有完结，正在向后延续。如果把这个历史时期以党的十八大为界标作一个划分，从2012年11月党的十八大召开至今，是新时代中国特色社会主义时期的历史。将这三个时期的历史连接起来、贯通起来，也就是中华人民共和国成立70年的历史。

从贫穷到小康，从徘徊到改革，从封闭到开放，70年间，中国走出了一条成功的发展道路，书写出人类历史上前所未有的发展奇迹。

对这一奇迹，从宏观视角来俯瞰，可以用“一”“二”“三”来概括，即70年来我们党领导人民取得了“一个根本成就”，进行了“两场伟大革命”，实现了“三次伟大飞跃”。

“一个根本成就”，就是开创、坚持和发展了中国特色社会主义。

70年来，我们党坚持把马克思主义基本原理同中国实际和时

2019 年 10 月 1 日，庆祝中华人民共和国成立 70 周年大会在天安门广场隆重举行。

代特征结合起来，独立自主走自己的路，历尽千辛万苦、付出巨大代价，开辟了中国特色社会主义道路，形成了中国特色社会主义理论体系，确立了中国特色社会主义制度，发展了中国特色社会主义文化。

这一根本成就贯穿于70年历程，涵盖这一历史时期丰富内容的各个方面，既是其他成就发展的必然产物，又在更高层次上体现了其他成就。经过长期努力，中国特色社会主义进入了新时代。在新的历史起点上，中国特色社会主义必将继续丰富、提升和拓展。

“两场伟大革命”，就是我们党领导人民进行伟大社会革命和领导全党进行伟大自我革命。

“革命者”是共产党人最鲜明的身份特质和亘久不变的政治角色。战争年代，党领导人民武装夺取政权，是革命；新中国成立后，党带领人民进行社会主义改造和社会主义建设，也是革命；党领导人民开启波澜壮阔的改革开放，是革命；在中国特色社会主义进入新时代的新的历史条件下，党领导人民进行伟大斗争、建设伟大工程、推进伟大事业、实现伟大梦想，同样也是革命，而且是一场更广泛、更深刻的伟大社会革命和自我革命。

“三次伟大飞跃”，就是我们党领导人民实现中华民族从“东亚病夫”到站起来的伟大飞跃、推进了从站起来到富起来的伟大飞跃、迎来中华民族从富起来到强起来的伟大飞跃。这是新中国70年历史中三个最耀眼、最显著、最明晰的标识，也是对这一历史时期取得巨大成就最形象、最生动、最准确的表达。

“一个根本成就”“两场伟大革命”“三次伟大飞跃”，历史地展现了中国奇迹的丰富内涵，也深刻地揭示了社会主义中国之所以能创造奇迹的奥秘所在。

新中国70年的历史，是一部党和人民自力更生、艰苦奋斗，不怕压、不信邪，上下同心、发奋图强的历史；是一部党和人民历经磨难、经受考验，大胆探索、敢于实践，善于学习、勇于革命的历史；是一部党和人民改革创新、砥砺奋进，对外开放、走向世界，创造奇迹、铸造辉煌的历史。这就是人民共和国70年的历史事实，这也是人民共和国70年所作的历史结论。

走好中国道路的四把“金钥匙”

《瞭望》：历史是最好的老师，也是最好的教科书。在新中国70年的历史中，有哪些值得汲取的深刻启示？

曲青山：光辉成就的取得，不只是历史演变的结果，更是面向未来开拓前进的智慧源泉。70年来，当代中国的历史性变革和历史性成就，都无可争辩地证明，中国找到了一条好的道路，那就是中国特色社会主义道路，这条道路走得通、走得对、走得好。

找到一条好的道路不容易，走好这条道路更不容易。70年的事实雄辩说明，封闭僵化的老路是一条死路，改旗易帜的邪路是一条绝路，而中国特色社会主义道路则是一条光明的、通向未来的康庄大道，代表了当代中国发展进步的根本方向。

在历史中，我们可以找到党和国家不断发展进步的四把“金钥匙”：

一是坚持和加强中国共产党的领导。

办好中国的事情，关键在党。没有共产党就没有新中国，没有共产党作为中国特色社会主义事业的坚强领导核心，就没有中国的现代化，中华民族复兴伟业就不可能实现。

中国共产党是中国工人阶级的先锋队，同时是中国人民和中华民族的先锋队。这样的性质，决定了我们党能够摆脱以往一切政党受阶级利益束缚的历史局限，做其他政党不愿做、不想做、不能做，也做不了、做不好的事。光明磊落、襟怀坦白，坚持真理、修正错误，成为中国共产党人的优良传统和品格。这也就是70年中党和国家的事业虽曾遭受挫折，而我们党却能够迅速纠正错误，化险为夷，走出困境，开创新局面的根本原因。

在新的征程中，我们要树牢“四个意识”、坚持“四个自信”、坚决做到“两个维护”，继续充分发挥党总揽全局、协调各方的领导核心作用。

二是坚持和推进马克思主义中国化时代化大众化。

如同一面旗帜，马克思主义是立党立国的根本，是指引中国发展进步的旗帜，是全国各族人民团结奋斗的思想基础。同时，中国共产党人没有对马克思主义采取教条式的态度，而是始终坚持把马克思主义、科学社会主义基本原理同中国具体实践相结合，坚持实事求是，在对世情国情党情充分认识的基础上，不断根据新的实际情况进行创新和变革，时刻保持与时俱进的先进性。

一脉相承、与时俱进，马列主义是中国共产党的老祖宗，是中国共产党指导思想的“源”；毛泽东思想、邓小平理论、“三个代表”重要思想、科学发展观、习近平新时代中国特色社会主义思想，是马列主义在中国的创造性运用和发展，是马克思主义中国化的理论创新成果，是中国共产党指导思想行动指南的“流”。毛泽东思想既是马列主义在中国运用发展的“流”，又是马克思主义中国化的“源”。习近平新时代中国特色社会主义思想是当代中国马克思主义、21世纪马克思主义。

作为世界最大的执政党，领导一个有着近14亿人口的发展中大国，面对深刻变化的国际国内环境、面对人们思想观念多元多样多变的新情况，只要坚持马克思主义同中国实际和时代特征相结合，善于把握客观情况的发展变化，善于总结人民群众的实践经验，就能不断推进马克思主义中国化时代化大众化，党和人民的开拓奋进就会始终有光辉旗帜的引领，真理的光芒就能转化成推进党和人民事业发展的强大物质力量。

三是坚持和发展中国特色社会主义。

旗帜决定方向，道路决定命运。新中国70年的历史充分证明，中国特色社会主义是当代中国发展进步的根本方向，只有中国特色社会主义才能发展中国。70年来，中国不是数典忘祖、照抄照搬别国的发展模式，而是积极吸收和借鉴人类社会的优秀文明成果为我所用，赢得了比较优势，走出自己的康庄大道。这条道路承载着几代中国共产党人的理想和探索，寄托着无数仁人志士的夙愿和期盼，凝聚着亿万人民的奋斗和牺牲，是近代以来中国社会发展的必然选择，是国家富强、民族振兴、人民幸福的必由之路。

四是坚持紧紧依靠人民。

江山就是人民，人民就是江山。党和国家的根基在人民、血脉在人民、力量在人民。共和国是人民的共和国，共和国的历史，就是一部我们党和国家坚持和贯彻党的群众路线，一切为了群众，一切依靠群众，从群众中来，到群众中去，把党的正确主张和国家的意志变为群众的自觉行动的生动历史；就是一部党同人民群众血肉相连、生死相依、患难与共的历史。

立下愚公志，啃下硬骨头

《瞭望》：70年来，我们已走过万水千山，站在新时代的节点上，殷鉴历史，展望未来，继续跋山涉水需保持一种怎样的姿态？

曲青山：一个时代有一个时代的课题，一代人有一代人的使命。70年来，我们所走过的路是充满荆棘、十分坎坷和不平坦的。我们党带领全国各族人民，坚定意志，沉着冷静，攻坚克难，成功进行了有效应对、化解和抵御。这些风险和挑战，有来自国内的，有来自国外的；有政治的，有经济的；有军事的，有意识形态的；有社会的，也有自然界的。

新时代是民族复兴的关键时期。我们现在所处的，是一个愈进愈难、愈进愈险而又不进则退、非进不可的时期。敢于啃硬骨头、敢于涉险滩，首先就要正确认识把握新时代我国社会主要矛盾的变化。

中国特色社会主义已进入了新时代，我国社会主要矛盾已经转化为人民日益增长的美好生活需要和不平衡不充分的发展之间的矛盾。这是对现阶段我国社会主要矛盾作出的重大新判断。应把握好“两个充分认识”：

一是充分认识我国社会主要矛盾的变化是全局性的、历史性的，不是局部的、暂时的。这一变化给党和国家工作提出了许多新的更高要求，要求我们要有问题意识，什么问题来了就解决什么问题，什么矛盾问题突出，就集中力量解决什么矛盾问题。问题倒逼改革，要用改革解决问题、促进发展。

二是充分认识我国社会主要矛盾的变化，并没有改变对我国所处历史阶段的判断。我国仍处于并将长期处于社会主义初级阶段的基本国情没有变，我国是世界最大发展中国家的国际地位没有变。

发展是动态过程，不平衡不充分是永远存在的，但当发展到了一定阶段后不平衡不充分成为社会主要矛盾的主要方面时，就必须下功夫去认识它、解决它。现在发展不平衡不充分仍是一个量变、积累的过程。不能因为社会主要矛盾发生了转化，就超越社会发展阶段。

同时，判断一个社会的发展阶段和主要矛盾，也不能以经济一个方面的因素去看，而是要从社会各方面的因素综合去看。马克思主义基本原理和党的历史告诉我们，社会发展阶段必须判断准确，既不能超越，也不能落后。在我们党的历史上，曾一度超越历史发展阶段，搞了“大跃进”，最终欲速则不达，越想快就越快不了，受到自然和社会发展规律的惩罚。改革开放后，我们党深刻汲取历史教训，作出我国处于并将长期处于社会主义初级阶段的重大判断。

从世界角度看，我国虽然“块头大”，但大而不强的“虚胖”问题仍然存在，在产品质量、生产效率、经济结构等方面还含有一定的“水分”，是世界最大发展中国家的国际地位没有变。

只有抓住了这“两个充分认识”，把握住“变”与“不变”的辩证法和统一性，才能牢牢把握社会主义初级阶段这个基本国情，牢牢立足社会主义初级阶段这个最大实际，牢牢坚持党的基本路线这个党和国家的生命线、人民的幸福线。

前途是光明的，道路是曲折的。70 年再出发，在前进路上，我们需要立下愚公志，啃下硬骨头。

新时代，我们党领导人民进行伟大社会革命，涵盖领域的广泛性、触及利益格局调整的深刻性、涉及矛盾和问题的尖锐性、突破体制机制障碍的艰巨性、进行伟大斗争形势的复杂性，都是前所未有的。当前和今后一个时期，可能是我国发展面临的各方面风险不断积累，甚至集中显露的时期。我们面临的重大风险是多方面的，既包括国内的经济、政治、意识形态、社会风险以及来自自然界的风险，也包括国际经济、政治、战略、主权、军事等方面的风险。各种风险往往不是孤立出现的，很可能是相互交织并形成一个风险综合体。

因此，我们既要高度警惕“黑天鹅”事件，也要防范“灰犀牛”事件；既要有防范风险的先手，也要有应对和化解风险挑战的高招；既要打好防范和抵御风险的有准备之战，也要打好化险为夷、转危为机的战略主动战。在做每一项工作前，我们首先要搞清楚底线在哪里、风险在哪里，哪些事情可以做、哪些事情不能做，最坏的情况是什么、最好的结果要什么，科学预见形势发展走势和隐藏其中的风险挑战，做到未雨绸缪。

站在新中国成立 70 年的新起点上，全面建成小康社会已经到了一鼓作气、决战决胜的历史节点。全党全国各族人民要拧成一股绳，立下愚公志，打赢攻坚战，啃下硬骨头。闯过这个关口，我们还要继续奋斗，到 2035 年基本实现社会主义现代化的目标，到本世纪中叶实现全面建成社会主义现代化强国的目标。

不忘初心赢得时代

《瞭望》：70年来，中国共产党在“赶考”路上经历了历史和时代的考验，交出了一份让人民满意的答卷，对于“中国共产党为什么能”这一宏大考题，您如何理解其核心要义？

曲青山：中国共产党诞生于风雨如磐的年代，她是怀着对人民的赤子之心，带着历史的使命来到这个世界的。中国共产党近百年历史的主题主线，就是肩负起两大历史任务，即争取民族独立、人民解放和实现国家富强、人民幸福。第一大历史任务，随着新中国的成立已经完成。第二大历史任务，我们已经奋斗了70年。这个历史任务还没有完成，我们现在还在继续努力奋斗。党的历史充分地表明，我们党干革命、搞建设、抓改革，都是为了中国的老百姓，都是为了中国人民过上幸福美好的生活。这就是中国共产党近百年不变的初心和使命。

回顾党的历史，我们党之所以能从弱小发展壮大起来，能在腥风血雨中一次次绝境重生，能在攻坚克难中不断从胜利走向胜利，根本原因就在于不管是处于顺境还是逆境，我们党始终坚守为中国人民谋幸福、为中华民族谋复兴这个初心和使命，义无反顾向着这个目标前进，从而赢得人民衷心拥护和坚定支持。

初心易得，始终难守。初心与始终具有相辅相成的辩证关系。综观古今中外，许多帝国的灭亡和王朝的衰败，都是因为没有跳出黄炎培与毛泽东同志在延安“窑洞对”中提出的“其兴也勃焉”“其亡也忽焉”的历史兴亡周期率。20世纪80年代末90年代初，世界上许多长期执政的大党、老党纷纷衰落，或分裂，或解散，或垮台，或失去执政资格。关键的问题也依然是没有坚持始终如一，没有做到善始善终。

在近百年的奋斗历程中，中国共产党曾成功应对了各种风险、经受了各种考验，一路走到今天。历史告诉我们，党的先进性和党的执政地位都不是一劳永逸、一成不变的。今天，我们党面临的四大考验是长期的、复杂的，面临的四种危险是尖锐的、严峻的。如果我们不能保持清醒头脑，勇于面对，就会陷入历史兴亡周期率。

1945 年 4 月，在党的七大预备会上，毛泽东同志在讲到 24 年来我们党的发展壮大时，用了《庄子》上的两句话："其作始也简，其将毕也必巨。"一大代表实际上就是我们党的一个缩影，大浪淘沙往前走，能坚持把初心、使命守护住的，就走到了最后，就为中国人民、中华民族作出了历史性贡献。当年建党时，我们党是多么地"简"啊！今天，我们党已成为世界第一大政党，有 9000 多万名党员、460 多万个基层党组织。在 14 亿人口的世界第一人口大国已经执政了 70 年，今天我们党又是多么地"巨"啊！越是这个时候，我们越要谦虚谨慎、戒骄戒躁。

党的十八大以来，习近平总书记一再强调，一切向前走，都不能忘记走过的路；走得再远、走到再光辉的未来，也不能忘记走过的过去，不能忘记为什么出发。这正是中国共产党立党、执政的大本大源问题。只有不忘初心、牢记使命、永远奋斗，才能让中国共产党永远年轻。事业发展永无止境，共产党人的初心永远不能变。唯有不忘初心，方可告慰历史、告慰先辈，方可赢得民心、赢得时代，方可善作善成、一往无前。这是历史的辩证法。只要这样做了，中国共产党就能成为始终走在时代前列、人民衷心拥护、勇于自我革命、经得起各种风浪考验、朝气蓬勃的马克思主义执政党。这也正是当前在全党开展“不忘初心、牢记使命”主题教育的目的所在、意义所在。

建设社会主义现代化强国和实现中华民族伟大复兴是一场接力跑，我们要一棒接着一棒跑下去，每个党员、每个党组织，包括每一位中华儿女都是接力跑中的一员，都是接力跑中的一个环节，每一代人都要为下一代人跑出好成绩。初心使命在，根基就在，民心就在，灵魂就在，精神就在。

弘扬伟大建党精神 *

中国共产党成立已经整整100年了。100年对于不同政党具有不同的意义。对于伟大的中国共产党来讲，百年只是宏伟事业的开始，只是威武雄壮活剧的序幕。中国共产党立志于中华民族千秋伟业，百年恰是风华正茂。那么，中国共产党永葆青春活力的秘诀是什么？习近平总书记在庆祝中国共产党成立100周年大会上的重要讲话中，总结、概括、提炼了我们党在百年奋斗历程中形成的伟大建党精神，这就是“坚持真理、坚守理想，践行初心、担当使命，不怕牺牲、英勇斗争，对党忠诚、不负人民”。伟大建党精神，思想精辟、内涵丰富，意义重大、意境深远，深刻揭示了中国共产党的特质，是我们全面认识和准确把握中国共产党为什么能的一把金钥匙。深入学习贯彻习近平总书记重要讲话精神，对于我们弘扬伟大建党精神、推进党的建设新的伟大工程、把新时代中国特色社会主义伟大事业推向前进，具有重大现实意义和深远历史意义。

---

* 原载《人民日报》2021年7月8日。

中国共产党百年光辉历史的全面总结

伟大建党精神充分体现了中国共产党历史发展的主题和主线。中国共产党历史发展的主题和主线是什么？就是争取民族独立、人民解放和实现国家富强、人民幸福。伟大建党精神，一直激励全党为完成这两大历史任务而奋斗。这两大历史任务，是自 1840 年鸦片战争开始中国逐步成为半殖民地半封建社会后提出来的。为了实现民族复兴，挽救中国于危难之中，无数仁人志士不屈不挠、前仆后继，进行了可歌可泣的斗争。太平天国运动、戊戌变法、义和团运动、辛亥革命接连而起，各种救国方案轮番出台，但都以失败而告终。在中国人民和中华民族的伟大觉醒中，在马克思列宁主义同中国工人运动的紧密结合中，中国共产党应运而生。中国共产党成立后，毅然肩负起近代以来中国其他阶级及其政治力量不能肩负的这两大历史任务。我们党团结带领人民经过 28 年浴血奋战，打败日本帝国主义，推翻国民党反动统治，取得新民主主义革命胜利，建立中华人民共和国，实现了民族独立、人民解放，完成了反帝反封建的历史任务。之后，我们党团结带领人民为实现国家富强、人民幸福而继续奋斗。经过新中国成立后 70 多年特别是改革开放以来 40 多年的持续奋斗，实现中华民族伟大复兴进入了不可逆转的历史进程！

伟大建党精神充分展示了中国共产党历史的主流和本质。中国共产党历史的主流和本质是什么？就是不懈奋斗史、不怕牺牲史、理论探索史、为民造福史、自身建设史。不懈奋斗史，就是

100 年来我们党团结带领人民为完成民族独立、人民解放和实现国家富强、人民幸福而不懈奋斗的历史；不怕牺牲史，就是 100 年来我们党为了国家富强、民族振兴、人民幸福而不怕牺牲的历史；理论探索史，就是 100 年来我们党把马克思主义基本原理同中国具体实际相结合、同中华优秀传统文化相结合，不断推进马克思主义中国化，进行理论探索的历史；为民造福史，就是 100 年来我们党坚持全心全意为人民服务的根本宗旨，始终不渝为民造福的历史；自身建设史，就是 100 年来我们党为了保持先进性和纯洁性，勇于推进自我革命，不断加强自身建设的历史。伟大建党精神，在党的百年奋斗史中得以铸造和不断弘扬。不懈奋斗史，始终激励全党矢志践行初心使命；不怕牺牲史，始终激励全党坚持理想信念；理论探索史，始终激励全党不断推进理论创新、进行理论创造；为民造福史，始终激励全党坚持光荣革命传统；自身建设史，始终激励全党坚持推进自我革命。

伟大建党精神充分彰显了中国共产党的伟大历史性贡献。100 年来，中国共产党作出的伟大历史性贡献，主要体现在对国家、对中国人民、对中华民族、对世界和平和人类发展进步事业等方面。我们党对国家的伟大历史性贡献，就是深刻改变了近代以后中国积贫积弱、落后挨打的悲惨命运，使国家日益走向繁荣富强；我们党对中国人民的伟大历史性贡献，就是深刻改变了中国人民被压迫、被奴役、被剥削的悲惨境地，使人民翻身解放、当家作主，成为国家、社会和自己命运的主人；我们党对中华民族的伟大历史性贡献，就是深刻改变了近代以后中华民族任人宰割、任人欺凌的历史，中华民族迎来了从站起来、富起来到强起来的伟大飞跃，迎来

中国共产党第一次全国代表大会在上海法租界106号（今兴业路76号）开幕。

中国共产党第一次全国代表大会最后一天的会议转移到浙江嘉兴南湖的游船上举行。

了实现伟大复兴的光明前景；我们党对世界和平和人类发展进步事业的伟大历史性贡献，就是深刻改变了世界的发展趋势和格局，使中国特色社会主义成为振兴世界社会主义的中流砥柱，为解决人类面临的共同问题、为建设美好世界贡献了中国智慧、中国方案、中国力量。中国共产党的伟大历史性贡献，是伟大建党精神发挥作用的必然结果。

中国共产党特质的生动写照

中国共产党是近代中国历史发展的必然产物。中国共产党成立伊始，就坚持以马克思列宁主义为行动指南，以全心全意为人民服务为根本宗旨，把为中国人民谋幸福、为中华民族谋复兴作为初心和使命，把实现共产主义作为最高理想和最终目标。100 年来，我们党就是按照这样的性质宗旨、初心使命、最高理想和最终目标来建设党的。因此，伟大建党精神是中国共产党特质的生动写照。

坚持真理、坚守理想，体现的是我们党思想先进、信仰坚定的特质，展现的是党的强大思想优势。我们党之所以把马克思主义作为立党立国的根本指导思想，就是认定马克思主义揭示了人类社会发展的客观规律，是放之四海而皆准的普遍真理。100 年来，我们党坚持把马克思主义基本原理同中国具体实际相结合、同中华优秀传统文化相结合，推进马克思主义中国化，创立了毛泽东思想、邓小平理论，形成了“三个代表”重要思想、科学发展观，创立了习近平新时代中国特色社会主义思想，为我们不断从胜利走向胜利确立了思想旗帜和行动指南。我们党的有效做法和成功经验是：党的事业每发展一步，党的理论创新就前进一步；党的理论创新每前进一步，党的理论武装就跟进一步。真理是我们党在领导人民群众进行的伟大实践中获得并坚持的，理想是我们党在进行理论武装中确立并坚守的。

践行初心、担当使命，体现的是我们党初衷不改、本色依旧的特质，展现的是党的强大政治优势。中国共产党人的初心和使命，就是为中国人民谋幸福，为中华民族谋复兴。这个初心和使命是激励中国共产党人不断前进的根本动力。100 年来，我们党始终坚持不忘初心、牢记使命，坚持最低纲领与最高纲领相统一，坚持共产主义远大理想与中国特色社会主义共同理想相统一。党团结带领人民，进行新民主主义革命，推翻三座大山，建立新中国，进行社会主义革命，确立社会主义基本制度，推进社会主义建设，为的是践行初心、担当使命。党团结带领人民，坚定不移推进改革开放，推进社会主义现代化建设，开创中国特色社会主义新时代，全面建成小康社会，开启全面建设社会主义现代化国家新征程，为实现中华民族伟大复兴的中国梦而努力奋斗，同样为的是践行初心、担当使命。

不怕牺牲、英勇斗争，体现的是我们党意志顽强、作风优良的特质，展现的是党的强大精神优势。由于中国的特殊国情，由于纷繁复杂的国内外环境，我国革命、建设、改革事业异常艰巨。要奋斗就会有牺牲，要进步就必须付出。世界上没有哪个党像我们这样，遭遇过如此多的艰难险阻，经历过如此多的生死考验，付出过如此多的惨烈牺牲。据不完全统计，从 1921 年至 1949 年，全国牺牲的有名可查的革命烈士就达 370 多万人。在脱贫攻坚斗争中，

1800多名同志将生命定格在了脱贫攻坚征程上。100年来，我们党团结带领人民以“为有牺牲多壮志，敢教日月换新天”的大无畏气概，不怕牺牲、英勇斗争，才取得抗日战争、解放战争、抗美援朝战争等一系列胜利，抵御和打破了以美国为首的西方国家对我国进行的政治孤立、经济封锁、军事威胁，我们才在应对政治的、经济的、军事的、科技的、意识形态的、文化的、社会的、自然界的、国内的、国外的各种风险挑战中赢得了优势、赢得了主动、赢得了未来。

对党忠诚、不负人民，体现的是我们党品德高尚、情系人民的特质，展现的是党的强大道德优势。中国共产党聚集了中华民族众多最优秀的儿女，他们确立了马克思主义的世界观、人生观、价值观，继承了中华民族的传统美德，对党无限忠诚，对人民无限热爱。忠诚是共产党人崇高的政治品质，人民在共产党的心目中具有至高无上的地位。道德靠忠诚滋养，靠奋斗培育；忠诚靠道德支撑，靠实践锤炼。我们党来自于人民，党的根基和血脉在人民，为人民而生，因人民而兴，始终同人民在一起，为人民利益而奋斗。100年来，一代又一代中国共产党人顽强拼搏、不懈奋斗，涌现了一大批视死如归的革命烈士、一大批顽强奋斗的英雄人物、一大批忘我奉献的先进模范，他们以实际行动诠释了共产党人的忠诚内涵，展现了共产党人的人民情怀。

中国共产党人精神谱系的高度凝练

我们党的百年历史就是一部精神构筑史。100年来，我们党铸就了一系列伟大精神，构建起中国共产党人的精神谱系。这些伟大精神一脉相承、代代相传，跨越时空、历久弥新，是党和人民的宝贵精神财富，深深融入我们党、国家、民族、人民的血脉之中，为我们立党兴党强党提供了丰厚滋养。我们要弘扬光荣传统，赓续红色血脉，永远把伟大建党精神继承下去、发扬光大。

伟大建党精神是中国共产党人精神谱系的源和本。历史从哪里开始，精神就从哪里产生。我们党在不同历史时期围绕完成不同历史任务，形成了一系列伟大精神。在新民主主义革命时期，形成了井冈山精神、古田会议精神、苏区精神、长征精神、遵义会议精神、东北抗联精神、延安精神、伟大抗战精神、太行精神、吕梁精神、红岩精神、沂蒙精神、西柏坡精神等。在社会主义革命和建设时期，形成了抗美援朝精神、北大荒精神、红旗渠精神、大庆精神、铁人精神、雷锋精神、焦裕禄精神、王杰精神、“两弹一星”精神等。在改革开放和社会主义现代化建设新时期，形成了改革开放精神、特区精神、女排精神、抗洪精神、抗击非典精神、载人航天精神、抗震救灾精神、北京奥运精神等。在中国特色社会主义新时代，形成了塞罕坝精神、劳动精神、劳模精神、工匠精神、探月精神、新时代北斗精神、抗疫精神、脱贫攻坚精神等。这些精神，都是伟大建党精神在各个历史时期的突出表现和具体体现。

伟大建党精神是中国共产党人精神谱系的根和魂。我们党在不同历史时期产生的伟大精神，尽管内涵不尽相同，但其本质内容和精神实质是相通的、统一的、一致的。解放思想、实事求是、与时俱进、求真务实、坚定信仰、坚守理想、百折不挠、坚忍不拔、立党为公、忠诚为民、独立自主、自力更生、艰苦奋斗、勤俭节约、清正廉洁、秉公办事、热爱祖国、热爱人民、无私奉献、担当使命、顾全大局、严守纪律、同心同德、齐心协力、万众一心、众志成城、团结互助、和衷共济、敢于斗争、敢于胜利、舍生忘死、视死如归、大胆实践、勇于创新、敢闯敢干、敢为人先、开拓进取、埋头苦干、以人为本、人民至上、坚持真理、不怕牺牲、自强不息、永远奋斗等关键词、核心语，是各种精神的内核和基本要素。伟大建党精神成为贯穿中国共产党人精神谱系的一条红线，是党的各种精神的高度概括和凝练。

新时代中国共产党人继续砥砺前行的强大动力

弘扬伟大建党精神，开启全面建设社会主义现代化国家新征程，奋力实现中华民族伟大复兴中国梦。习近平总书记强调："中华民族伟大复兴，绝不是轻轻松松、敲锣打鼓就能实现的。全党必须准备付出更为艰巨、更为艰苦的努力。"党的十八大以来，在以习近平同志为核心的党中央坚强领导下，经过全党全国各族人民共同努力，我国脱贫攻坚战取得全面胜利，完成了消除绝对贫困的艰巨任务。全面建成小康社会，胜利实现第一个百年奋斗目标。现在，我们已经开启了全面建设社会主义现代化国家新征程，正在向第二个百年奋斗目标进军。宏伟目标催人奋进，但要胜利实现还需付出更为艰苦的努力。我们必须弘扬伟大建党精神，保持良好精神状态，不懈怠、不骄傲，一鼓作气、再接再厉，奋勇向前。

弘扬伟大建党精神，应对世界百年未有之大变局，应对国内外各种风险挑战。习近平总书记指出："越是接近民族复兴越不会一帆风顺，越充满风险挑战乃至惊涛骇浪。”“我们面临的各种斗争不是短期的而是长期的，至少要伴随我们实现第二个百年奋斗目标全过程。”当前，我国发展面临着前所未有的风险挑战，既有国内的也有国际的，既有政治、经济、文化、社会等领域的也有来自自然界的，既有传统的也有非传统的，“黑天鹅”“灰犀牛”还会不期而至。要更好应对前进道路上各种可以预见和难以预见的风险挑战，我们必须弘扬伟大建党精神，敢于斗争、敢于胜利，坚决顶起自己该顶的那片天，不断取得斗争新胜利，不断打开事业新局面。

弘扬伟大建党精神，全面从严治党、推进党的自我革命，确保党在坚持和发展中国特色社会主义的历史进程中始终成为坚强领导核心。习近平总书记强调：“办好中国的事情，关键在党。”堡垒最容易从内部攻破。我们党面临的最大风险是内部变质、变色、变味，丧失马克思主义政党的政治本色，背离党的根本宗旨而失去最广大人民的支持和拥护。党的百年历史，也是我们党不断保持先进性和纯洁性，不断防范被瓦解、被腐化的危险的历史。面对“四大考验”和“四种危险”，要解决党的建设面临的现实问题，确保我们党在世界形势深刻变化的历史进程中始终走在时代前列，在应对国内外各种风险挑战的历史进程中始终成为全国人民的主心骨，在坚持和发展中国特色社会主义的历史进程中始终成为坚强领导核心，必须弘扬伟大建党精神，不断提高党的领导水平和执政水平，增强拒腐防变和抵御风险的能力。

读懂新时代

深入领会新时代的历史性成就和历史性变革*

历史认知是历史自信的重要基础。对历史进程的认识越全面，对历史规律的把握越深刻，党的历史智慧越丰富，对前途的掌握就越主动。在2021年12月27日至28日中共中央政治局召开的党史学习教育专题民主生活会上，习近平总书记这样强调。

党的十九届六中全会审议通过的《中共中央关于党的百年奋斗重大成就和历史经验的决议》（以下简称《决议》），是一篇马克思主义的纲领性文献；是新时代中国共产党人牢记初心使命、坚持和发展中国特色社会主义的政治宣言；是以史为鉴、开创未来，实现中华民族伟大复兴的行动指南。

《决议》全面总结党的百年奋斗重大成就和历史经验，对推动全党增长智慧、增进团结、增加信心、增强斗志，对认识历史规律、提升历史自觉、掌握历史主动、坚定历史自信，对牢记初心使命、传承红色基因，推动全党进一步统一思想、统一意志、统一行动，团结带领全国各族人民夺取新时代中国特色社会主义伟大胜

---

* 原载《求是》2022年第1期。

中国共产党第十八次全国代表大会会场。

利，具有极其重大的现实意义和深远的历史意义。

二

《决议》把党的百年奋斗历程明确划分为四个历史时期，即新民主主义革命时期、社会主义革命和建设时期、改革开放和社会主义现代化建设新时期、中国特色社会主义新时代。从各个历史时期所占的篇幅来看，第四部分“开创中国特色社会主义新时代”所用笔墨最多、占篇幅最大，超过《决议》的二分之一以上。如果说第一部分“夺取新民主主义革命伟大胜利”、第二部分“完成社会主义革命和推进社会主义建设”、第三部分“进行改革开放和社会主义现代化建设”是党的百年奋斗历程中的“大写意”，第四部分则是党的百年奋斗历程中的“工笔画”。

《决议》为什么要作这样的布局和安排，有什么样的考虑呢？

第一，我们党对前三个时期的历史已经作过系统总结。正如习近平总书记在关于《决议》的说明中指出的那样：“对党在新民主主义革命时期、社会主义革命和建设时期、党的十一届三中全会到党的十一届六中全会期间的历史，前两个历史决议已经作过系统总结；对改革开放和社会主义现代化建设新时期的成就和经验，党的十一届三中全会召开二十周年、三十周年时党中央都进行了认真总结，我在庆祝改革开放四十周年大会上发表讲话，也作了系统总结。”对于第一、第二个历史时期，前两个历史决议的总结“其基本论述和结论至今仍然适用”。对于第三个历史时期，党中央进行的认真总结和习近平总书记的系统总结至今仍然具有重要指导意义。

第二，中国特色社会主义新时代是过去和未来的中间环节，一头连着过去，一头连着未来。过去、现在、未来是相通的，今天从昨天走过来，明天从今天走过去。习近平总书记在关于《决议》的说明中强调指出："突出中国特色社会主义新时代这个重点，有利于引导全党进一步坚定信心，聚焦我们正在做的事情，以更加昂扬的姿态迈进新征程、建功新时代。"

第三，感性认识需要及时上升到理性认识。毛泽东同志曾说过："我们的实践证明：感觉到了的东西，我们不能立刻理解它，只有理解了的东西才更深刻地感觉它。感觉只解决现象问题，理论才解决本质问题。"只有大量地对我们感觉到的东西，加以去粗取精、去伪存真、由此及彼、由表及里的总结、归纳、概括、提炼，进行科学抽象，才能认识事物本质，把握历史规律，增强历史自觉，发扬历史主动精神。中国特色社会主义新时代是党的十八大以来，以习近平同志为核心的党中央团结带领全党全国各族人民开创的。每一个中国人都是这个时代的参与者、见证者、实践者。虽然每个人对于新时代有亲身的感受、切身的经历，但如果不进行系统总结，不及时上升到理性认识的高度，那么这些感受和经历，还只是处在感性的、局部的、不完整的阶段，就难免具有片面性和历史局限性。

《决议》集中全党智慧，发扬民主，集思广益，认真及时盘点、梳理、总结新时代，对于保持过去良好的发展势头，以一往无前的奋斗姿态继续开拓前进，无疑具有极其重要的作用和意义。

二

《决议》中“开创中国特色社会主义新时代”这一部分，回顾了党的十八大以来，以习近平同志为核心的党中央，团结带领全党全国各族人民砥砺奋进的极不平凡历程，充分反映了习近平新时代中国特色社会主义思想与时俱进的最新成果，系统总结了新时代党和国家事业取得的历史性成就、发生的历史性变革。

学习领会《决议》的这部分内容，首先需要理解和把握“两个确立”的决定性意义。《决议》深刻总结党的百年奋斗、党的十八大以来伟大实践，得出了一个重大政治论断，就是“两个确立”。《决议》指出：“党确立习近平同志党中央的核心、全党的核心地位，确立习近平新时代中国特色社会主义思想的指导地位，反映了全党全军全国各族人民共同心愿，对新时代党和国家事业发展、对推进中华民族伟大复兴历史进程具有决定性意义。”这一重大政治论断的落脚点、关键点，在于“对新时代党和国家事业发展、对推进中华民族伟大复兴历史进程具有决定性意义”这句话。

“两个确立”是在什么样的历史背景和历史条件下确立的呢？是在新时代新的发展阶段和新的历史方位下确立的。新时代是个什么样的时代？具有什么样的内涵？党的十九大报告专门有一段话进行论述，《决议》也作了进一步强调。《决议》指出：“以习近平同志为核心的党中央统筹把握中华民族伟大复兴战略全局和世界百年未有之大变局，强调中国特色社会主义新时代是承前启后、继往开来、在新的历史条件下继续夺取中国特色社会主义伟大胜利的时代，是决胜全面建成小康社会、进而全面建设社会主义现代化强国的时代，是全国各族人民团结奋斗、不断创造美好生活、逐步实现全体人民共同富裕的时代，是全体中华儿女勠力同心、奋力实现中华民族伟大复兴中国梦的时代，是我国不断为人类作出更大贡献的时代。”这就是新时代五个方面的内涵和特征，这五个方面也确定了我们党在这个历史阶段的奋斗目标和历史任务。《决议》指出：在中国特色社会主义新时代，党面临的主要任务是实现第一个百年奋斗目标，开启实现第二个百年奋斗目标新征程，朝着实现中华民族伟大复兴的宏伟目标继续前进。由此可见，新时代标定了党和国家事业发展处在一个新的历史方位。

正是在新时代的历史方位上，习近平总书记以深厚人民情怀、卓越政治智慧、强烈使命担当，带领全党全国各族人民发扬伟大的历史主动精神，解决了许多长期想解决而没有解决的难题，办成了许多过去想办而没有办成的大事，推动党和国家事业取得历史性成就、发生历史性变革。在这一过程中，习近平总书记成为众望所归、当之无愧的党的核心、人民领袖、军队统帅，习近平新时代中国特色社会主义思想应运而生、顺势而成。其中，“第一个确立”是在党的十八届六中全会上确立的，“第二个确立”是在党的十九大上确立的。“两个确立”是总结新时代波澜壮阔的伟大历程得出的必然结论，被实践证明是完全正确的。

一个成熟的马克思主义政党，坚强领导核心的确立总是与科学思想的指引相辅相成、相互促进。新时代的伟大斗争产生了党的坚强领导核心，党的坚强领导核心领导了新时代的伟大斗争；新时代的伟大实践孕育和催生了党的创新理论，党的创新理论引领了新时代的伟大实践。坚强的核心、先进的思想与非凡的事业彼此辉映，在互动互变互促中使实现中华民族伟大复兴进入了不可逆转的历史进程。

“两个确立”不只是党的十八大以来最重要的政治成果和最宝贵的历史经验，也是深刻总结党的百年奋斗得出的郑重历史结论。确立成熟稳定的领导核心，确立科学理论的指导地位，历来关乎党的事业成败、关系党的前途命运。革命战争年代，1935 年遵义会议事实上确立了毛泽东同志在党中央和红军的领导地位，开始确立以毛泽东同志为主要代表的马克思主义正确路线在党中央的领导地位，开始形成以毛泽东同志为核心的党的第一代中央领导集体，在最危急关头挽救了党、挽救了红军、挽救了中国革命，成为党的历史上一个生死攸关的转折点。之后十年的时间，从遵义会议到党的七大，正是因为以毛泽东同志为核心的党的第一代中央领导集体的逐步形成，我们党才能更好从全局和战略的高度总结历史经验和进行理论思考，使得毛泽东思想不断发展成熟，引导中国革命航船乘风破浪、胜利驶向光辉的彼岸。把“两个确立”写进《决议》，既是历史发展的结果、历史奋斗的结晶，也是历史经验的启迪、历史规律的昭示，充分彰显了我们党高度的历史自觉和历史自信。

以史为鉴，可以知兴替。坚持好、维护好“两个确立”，我们党就能在中华民族伟大复兴战略全局和世界百年未有之大变局深度演进互动的复杂条件下，坚持正确前进方向，乘风破浪不迷航，不断把党和人民事业推向前进；就能始终把握发展规律，运用科学世界观和方法论谋划事业发展、应对风险挑战，带领全国各族人民不断开辟中华民族伟大复兴的光明前景。

三

可以从理论创新和实践变革两个层面来认识和把握中国特色社会主义新时代取得的历史性成就、发生的历史性变革。

——从理论创新层面，深入把握习近平新时代中国特色社会主义思想这一马克思主义中国化的最新成果。习近平新时代中国特色社会主义思想是怎么产生的？这一思想具有什么样的科学内涵、历史地位和重大意义？《决议》对此作了全面深刻阐述。《决议》指出，党的十八大以来，以习近平同志为主要代表的中国共产党人，坚持把马克思主义基本原理同中国具体实际相结合、同中华优秀传统文化相结合，坚持毛泽东思想、邓小平理论、“三个代表”重要思想、科学发展观，深刻总结并充分运用党成立以来的历史经验，从新的实际出发，创立了习近平新时代中国特色社会主义思想。这里讲的“两个结合”，是我们党对这个问题认识的一个深化、一个提高，是一个重要的理论创新。

习近平总书记对关系新时代党和国家事业发展的一系列重大理论和实践问题进行了深邃思考和科学判断，就新时代坚持和发展什么样的中国特色社会主义、怎样坚持和发展中国特色社会主义，建设什么样的社会主义现代化强国、怎样建设社会主义现代化强国，建设什么样的长期执政的马克思主义政党、怎样建设长期执政的马克思主义政党等重大时代课题，提出一系列原创性的治国理政新理念新思想新战略。《决议》就习近平新时代中国特色社会主义思想回答的重大时代课题，从党的十九大报告中的“一个重大时代课题”拓展为“三个重大时代课题”。

习近平总书记是习近平新时代中国特色社会主义思想的主要创立者。习近平新时代中国特色社会主义思想是当代中国马克思主义、二十一世纪马克思主义，是中华文化和中国精神的时代精华，实现了马克思主义中国化新的飞跃。以上四句话中，第一、第二、第四句话，在党的十九大后开始讲，并且一直在讲，这次明确写进了《决议》里。“是中华文化和中国精神的时代精华”这句话，是《决议》对习近平新时代中国特色社会主义思想给予的新评价，在党的文件中首次正式公开提出。

《决议》在党的十九大报告“八个明确”基础上，用“十个明确”对习近平新时代中国特色社会主义思想的科学内涵、核心内容，作了进一步概括。

一是明确中国特色社会主义最本质的特征是中国共产党领导，中国特色社会主义制度的最大优势是中国共产党领导，中国共产党是最高政治领导力量，全党必须增强“四个意识”、坚定“四个自信”、做到“两个维护”。

这一条是把党的十九大报告中的第八个明确的“中国特色社会主义最本质的特征是中国共产党领导，中国特色社会主义制度的最大优势是中国共产党领导，党是最高政治领导力量”提到这里，增加了“全党必须增强‘四个意识’、坚定‘四个自信’、做到‘两个维护’”的表述。

二是明确坚持和发展中国特色社会主义，总任务是实现社会主义现代化和中华民族伟大复兴，在全面建成小康社会的基础上，分两步走在本世纪中叶建成富强民主文明和谐美丽的社会主义现代化强国，以中国式现代化推进中华民族伟大复兴。

这一条增加了“以中国式现代化推进中华民族伟大复兴”的表述。

三是明确新时代我国社会主要矛盾是人民日益增长的美好生活需要和不平衡不充分的发展之间的矛盾，必须坚持以人民为中心的发展思想，发展全过程人民民主，推动人的全面发展、全体人民共同富裕取得更为明显的实质性进展。

这一条增加了“发展全过程人民民主”、“取得更为明显的实质性进展”的表述。

四是明确中国特色社会主义事业总体布局是经济建设、政治建设、文化建设、社会建设、生态文明建设五位一体，战略布局是全面建设社会主义现代化国家、全面深化改革、全面依法治国、全面从严治党四个全面。

这一条把“八个明确”中的“五位一体”、“四个全面”展开表述。这两个概念是第一次在《决议》里出现，展开后可以使读者更清晰地了解“五位一体”、“四个全面”的内涵。

五是明确全面深化改革总目标是完善和发展中国特色社会主义制度、推进国家治理体系和治理能力现代化。六是明确全面推进依法治国总目标是建设中国特色社会主义法治体系、建设社会主义法治国家。

这两条是原有的。

七是明确必须坚持和完善社会主义基本经济制度，使市场在资源配置中起决定性作用，更好发挥政府作用，把握新发展阶段，贯彻创新、协调、绿色、开放、共享的新发展理念，加快构建以国内大循环为主体、国内国际双循环相互促进的新发展格局，推动高质量发展，统筹发展和安全。

这一条是全新的。

八是明确党在新时代的强军目标是建设一支听党指挥、能打胜仗、作风优良的人民军队，把人民军队建设成为世界一流军队。

这一条是原有的。

九是明确中国特色大国外交要服务民族复兴、促进人类进步，推动建设新型国际关系，推动构建人类命运共同体。

这一条增加了“服务民族复兴、促进人类进步”的表述。

十是明确全面从严治党的战略方针，提出新时代党的建设总要求，全面推进党的政治建设、思想建设、组织建设、作风建设、纪律建设，把制度建设贯穿其中，深入推进反腐败斗争，落实管党治党政治责任，以伟大自我革命引领伟大社会革命。

这一条保留了“提出新时代党的建设总要求”的表述，放在“十个明确”最后，与党的领导首尾呼应。

党的十九大报告从两个方面总结习近平新时代中国特色社会主义思想的核心内容，一方面从思想理念层面讲“八个明确”，另一个方面从基本方略层面讲“十四个坚持”。《决议》将“八个明确”丰富发展为“十个明确”，体现了党的十九大以来，习近平新时代中国特色社会主义思想在实践中进一步得到丰富和发展。“十个明确”是对习近平新时代中国特色社会主义思想的再概括、再提炼，是党对共产党执政规律、社会主义建设规律、人类社会发展规律认识深化和理论创新的重大成果。

——从实践变革层面，深入把握新时代实践的新成就。《决议》

从13个方面对党的十八大以来党治国理政采取的重大方略、推进的重大工作、推出的重大举措进行了系统阐述，重点总结其中的原创性思想、变革性实践、突破性进展、标志性成果。

这13个方面是：坚持党的全面领导、全面从严治党、经济建设、全面深化改革开放、政治建设、全面依法治国、文化建设、社会建设、生态文明建设、国防和军队建设、维护国家安全、坚持“一国两制”和推进祖国统一、外交工作。如果将《决议》中的13个方面与党的十九大报告中阐述的新时代坚持和发展中国特色社会主义的基本方略14个方面作对照，就会发现，13个方面主要是从实践层面讲的，“十四个坚持”是从方略角度讲的，前者是后者在实践领域的展开和深化，同时也是“十个明确”在实践领域的展开和深化。

《决议》对13个方面中每个方面的阐述，大体按照历史脉络、时代背景、实践过程、时间顺序、逻辑关系、具体内容层层递进、逐步展开。叙述的内容是在各个领域，习近平总书记和党中央是在什么样的历史条件下，面对什么样的问题，进行了什么样的思考，提出了什么样的方略，采取了什么样的举措，带领全党全国各族人民怎么干的、怎么干成的，最终取得了什么样的成效。可以说是对新时代以习近平同志为核心的党中央治国理政成就和经验的全面总结、全面展示。

这些历史性成就是全方位、开创性的。比如，在中华大地上全面建成小康社会，全面打赢脱贫攻坚战，历史性地解决了困扰中华民族几千年的绝对贫困问题；我国国内生产总值突破100万亿元大关，人均国内生产总值超过1万美元，稳居世界上中等收入国家行列；我国在载人航天、探月工程、超级计算、量子通信、大飞机制造、航空母舰等基础和前沿领域取得一大批标志性成果，若干领域实现从“跟跑”到“并跑”、“领跑”的跃升；建成世界上规模最大的社会保障体系，10.2 亿人拥有基本养老保险，13.6 亿人拥有基本医疗保险，人民生活水平显著提高……

这些历史性变革是深层次、根本性的。比如，坚持全面从严治党，从落实中央八项规定精神破题狠抓作风建设，以零容忍态度开展反腐败斗争，实现了管党治党从宽松软到严紧硬的转变，反腐败斗争取得压倒性胜利并全面巩固；坚持以完善和发展中国特色社会主义制度、推进国家治理体系和治理能力现代化为总目标全面深化改革，各领域基础性制度框架基本确立，许多领域实现历史性变革、系统性重塑、整体性重构；坚持把握进入新发展阶段的要求，牢固树立新发展理念，加快构建以国内大循环为主体、国内国际双循环相互促进的新发展格局，实现了对传统发展理念、发展模式的根本性变革……

党的十八大以来，党和国家事业取得历史性成就、发生历史性变革，最根本的原因在于有习近平总书记作为党中央的核心、全党的核心掌舵领航，在于有习近平新时代中国特色社会主义思想科学指引。

这是历史得出的结论，这是实践给出的答案，这是人民作出的评判。

读懂这一中华民族伟大复兴蓝图*

党的二十大擘画了以中国式现代化推进中华民族伟大复兴的宏伟蓝图，发出了为全面建设社会主义现代化国家、全面推进中华民族伟大复兴而团结奋斗的伟大号召。

全面建设社会主义现代化国家，是一项伟大而艰巨的事业，前途光明，任重道远。当前最重要的任务，就是认真学习贯彻党的二十大精神，自觉用党的二十大精神统一思想和行动，撸起袖子加油干，一步一个脚印把党的二十大作出的重大决策部署付诸行动、见之于成效。贯彻落实的前提是深入学习领会，围绕如何深入学习领会党的二十大精神，《瞭望》新闻周刊记者专访了中央党史和文献研究院院长曲青山。

充分认识党的二十大的重大现实意义和深远历史意义

《瞭望》：党的二十大是一次承前启后、继往开来的大会，如何

* 原载《瞭望》2022 年第 50 期。

理解这一在关键时刻召开的十分重要的大会的重大意义？

曲青山：党的二十大对鼓舞动员全党全军全国各族人民在新时代新征程夺取中国特色社会主义新胜利、全面建设社会主义现代化国家、全面推进中华民族伟大复兴，具有重大现实意义和深远历史意义：选举产生了以习近平同志为核心的新一届党中央领航中国，事关党和国家事业继往开来；科学擘画了新征程的宏伟蓝图，事关中国特色社会主义前途命运；广泛汇聚了亿万人民创造伟力，事关中华民族伟大复兴。

党的二十大选举产生了以习近平同志为核心的新一届中央委员会，党的二十届一中全会选举产生了新的中央领导机构，一批德才兼备、经验丰富、年富力强、奋发有为的领导干部进入新一届中央委员会和中央领导机构。这是一个体现全党意志、凝聚全党共识、反映人民期待、值得全党全军全国各族人民充分信赖的领导集体，这是一个承前启后、继往开来、充分体现当代中国共产党人精神风貌的领导集体，这是一个朝气蓬勃、富有活力、能够适应党和国家事业长远发展需要的领导集体！这是新时代新征程领航者的自信，这是百年大党的担当，这是伟大民族复兴的希望！党的二十大的选举结果，充分体现了“两个确立”已经深入党心军心民心。在以习近平同志为核心的新一届中央领导集体坚强领导下，在习近平新时代中国特色社会主义思想的科学指引下，中华民族伟大复兴的巍巍巨轮一定会向着更加光明的前景，劈波斩浪，扬帆远航，胜利抵达辉煌彼岸！

党的二十大报告鲜明地提出了大会的主题，这是大会的灵魂，是党和国家事业的总纲。这个主题明确宣示了中国共产党和中国人民在全面建设社会主义现代化国家新征程上举什么旗、走什么路、以什么样的精神状态、朝着什么样的目标继续前进。

党的二十大明确了新时代新征程中国共产党的使命任务，即团结带领全国各族人民全面建成社会主义现代化强国、实现第二个百年奋斗目标，以中国式现代化全面推进中华民族伟大复兴；科学谋划了未来五年乃至更长时期党和国家事业发展的目标任务和大政方针；对加快构建新发展格局，实施科教兴国战略，发展全过程人民民主，坚持全面依法治国，推进文化自信自强，增进民生福祉，推动绿色发展，推进国家安全体系和能力现代化，开创国防和军队现代化新局面，推进祖国统一，推动构建人类命运共同体，深入推进新时代党的建设新的伟大工程等作出战略部署。

党的二十大报告是党和人民集体智慧的结晶，是党团结带领全国各族人民夺取中国特色社会主义新胜利的政治宣言和行动纲领，是马克思主义的纲领性文献。

党的二十大是一次团结的大会、胜利的大会。当前，世界百年未有之大变局加速演进，世界进入新的动荡变革期。我国发展进入战略机遇和风险挑战并存、不确定难预料因素增多的时期。党和国家各项事业遭遇的风险挑战风高浪急，有时甚至会是惊涛骇浪。团结就是力量。只要全党全国各族人民紧密地团结在以习近平同志为核心的党中央周围，坚定信心、迎难而上，心往一处想、劲往一处使，就一定能够最大限度凝聚起共同奋斗的磅礴力量，实现中华民族伟大复兴的中国梦。

深刻领会党的二十大的精神实质 准确把握关系党和国家事业发展的重大理论和实践问题

《瞭望》： 党的二十大提出了一系列新的重大思想观点、重大判断、重大举措，如何准确把握其精神实质？

曲青山： 党的二十大提出了一系列新的重大思想观点、重大判断、重大举措，特别是习近平总书记所作的大会报告、在二十届一中全会、在二十届中央政治局常委同中外记者见面时的重要讲话和大会期间的系列重要讲话，闪耀着马克思主义的真理光辉，具有极强的政治性、思想性、理论性和工作的指导性。我们要认真学习、深刻领会、准确把握其精神实质。

一是深刻领会和把握过去五年工作和新时代十年伟大变革的重大意义。过去的五年，新时代以来的十年，极不寻常、极不平凡。事非经过不知难，成如容易却艰辛。新时代十年的伟大变革，在党史、新中国史、改革开放史、社会主义发展史、中华民族发展史上具有里程碑意义。新时代十年的伟大变革给予我们无比宝贵的智慧和力量，赋予我们无比坚定的底气和自信。党的二十大报告，以宏阔的历史视野，把新时代十年的伟大变革放到40多年的改革开放史、70多年的新中国史、100多年的中国共产党史、500多年的社会主义发展史、5000多年的中华民族发展史中去考察，凸显了新时代十年伟大变革的重要地位和历史意义。

这个地位和意义集中体现在四个方面：第一，中国共产党在革命性锻造中更加坚强有力；第二，中国人民焕发出更为强烈的历史自觉和主动精神；第三，实现中华民族伟大复兴进入了不可逆转的历史进程；第四，科学社会主义在21世纪的中国焕发出新的蓬勃生机。

新时代十年的伟大变革是深层次、根本性的，是全方位、开创性的，体现在改革发展稳定、内政外交国防、治党治国治军各个领域各个方面。我们之所以能取得这些历史性成就，发生这些历史性变革，最根本的原因就在于有习近平总书记作为党中央的核心、全党的核心掌舵领航，在于有习近平新时代中国特色社会主义思想的科学指引，这是历史和时代的结论，“两个确立”具有决定性意义。

二是深刻领会和把握习近平新时代中国特色社会主义思想的世界观和方法论。习近平新时代中国特色社会主义思想，始终坚持和运用辩证唯物主义和历史唯物主义，深刻汲取中华优秀传统文化的思想精华和道德精髓，根据时代发展和实践变化，形成了当代中国共产党人特有的立场观点方法，即坚持人民至上、坚持自信自立、坚持守正创新、坚持问题导向、坚持系统观念、坚持胸怀天下。这六条经验，是在新时代伟大斗争实践中形成的，是习近平新时代中国特色社会主义思想的精髓和灵魂。学懂弄通做实习近平新时代中国特色社会主义思想，既要真学真懂真用这一理论体系的基本内容，又要真学真懂真用贯穿其中的立场观点方法。只有这样，才能做到知其言更知其义、知其然更知其所以然，切实把党的创新理论贯彻落实到实际工作中，切实在新时代新征程的伟大实践中，继续推进党的理论创新，不断开辟马克思主义中国化时代化新境界。

三是深刻领会和把握以中国式现代化全面推进中华民族伟大复兴的使命任务。中国式现代化，是对我国社会主义现代化建设长期探索和实践的科学总结，是对世界现代化理论的重大丰富和发展。中国式现代化以党的领导为根本保证，中国共产党的领导是中国特色社会主义最本质的特征、是中国特色社会主义制度的最大优势；中国式现代化以社会主义为根本方向，社会主义的本质属性决定了中国式现代化的根本性质，凸显了中国式现代化的独特优势；中国式现代化以民族复兴为奋斗目标，实现中华民族伟大复兴是中国人民的历史夙愿和中华民族的伟大梦想；中国式现代化以顽强斗争打开事业发展新天地，必须敢于斗争、善于斗争，牢牢掌握发展主动权。中国式现代化立足中国大地，切合中国实际。我们必须深刻把握中国式现代化的中国特征、中国式现代化的本质要求和推进中国式现代化的重大原则，深刻理解其历史逻辑、理论逻辑、实践逻辑，理解其创新性、创造性。

四是深刻领会和把握以伟大自我革命引领伟大社会革命的重要要求。勇于自我革命是中国共产党区别于其他政党的显著标志，是我们党最鲜明的政治品格。党的十九届六中全会总结了中国共产党百年奋斗的十条历史经验，其中一条就是坚持自我革命。以伟大自我革命引领伟大社会革命，也写入了“十个明确”。习近平新时代中国特色社会主义思想，正是在不断推进党的自我革命，实现党自我净化、自我完善、自我革新、自我提高的过程中创立并不断丰富发展的。这一思想找到了自我革命这一跳出治乱兴衰历史周期率的第二个答案。

新时代的十年，我们党坚持以伟大自我革命引领伟大社会革命、以伟大社会革命促进伟大自我革命，团结带领全国各族人民风雨无阻、砥砺前行，创造了新时代中国特色社会主义的伟大成就。

我们党立足于中华民族千秋伟业，百年正是风华正茂。自我革命是我们党永葆生机活力的重要法宝。全面建设社会主义现代化国家、全面推进中华民族伟大复兴，关键在党。我们要落实新时代党的建设总要求，健全全面从严治党体系，全面推进党的自我净化、自我完善、自我革新、自我提高，使我们党坚守初心使命，始终成为中国特色社会主义事业的坚强领导核心。

五是深刻领会和把握团结奋斗的时代要求。团结奋斗是中国人民创造历史伟业的必由之路，是中国共产党和中国人民最显著的精神标识。我们靠团结奋斗创造了辉煌历史，还要靠团结奋斗开辟美好未来。新时代新征程，我们必须坚持大团结大联合，团结一切可以团结的力量，调动一切可以调动的积极因素，促进政党关系、民族关系、宗教关系、阶层关系、海内外同胞关系和谐，铸牢中华民族共同体意识，最大限度凝聚起共同奋斗的力量；坚持一致性和多样性统一，加强思想政治引领，广泛凝聚共识，广聚天下英才，努力寻求最大公约数、画出最大同心圆。只要在党的领导下全国各族人民团结一心、众志成城，敢于斗争、善于斗争，我们就一定能够战胜前进道路上的一切困难挑战，继续创造令人刮目相看的新的奇迹。

深刻理解中国式现代化的科学内涵

《瞭望》：党的二十大报告中全面系统深入地阐述了中国式现代化的科学内涵，即中国式现代化的中国特色、本质要求和重大原则。这是对党的现代化理论的一个重大丰富和发展，是党的二十大报告的一个重大亮点，也是一个重大创新点。如何深刻理解、准确把握这一重大论断?

曲青山：首先要深刻理解中国式现代化的中国特色。全面建设社会主义现代化国家、全面推进中华民族伟大复兴，是新时代新征程中国共产党的使命任务。以什么样的途径、方式、手段实现奋斗目标、完成使命任务呢？这就是中国式现代化。

中国式现代化是我们党团结带领全国各族人民开创和形成的。党成立一百多年来所进行的一切奋斗，目的就是把我国建设成为社会主义现代化强国、实现中华民族伟大复兴。在这个过程中，我们党对建设社会主义现代化国家在认识上不断深入、在战略上不断成熟、在实践上不断丰富，走出了一条中国式现代化的新道路。在社会主义革命和建设时期，我们党提出努力把我国逐步建设成为一个具有现代农业、现代工业、现代国防和现代科学技术的社会主义强国目标。改革开放和社会主义现代化建设新时期，我们党提出“中国式的现代化”论断，制定了到 21 世纪中叶分三步走、基本实现社会主义现代化的发展战略。我们党扭住确定的发展战略和奋斗目标，一茬接着一茬干，一棒接着一棒跑，社会主义现代化建设取得巨大成绩。在新中国成立特别是改革开放以来长期探索和实践基础上，经过党的十八大以来在理论和实践上的创新突破，我们党成功推进和拓展了中国式现代化。

中国式现代化创造了人类文明新形态，既有各国现代化的共同特征，更有基于自己国情的中国特色。中国式现代化是人口规模巨大的现代化。中国式现代化是全体人民共同富裕的现代化。中国式现代化是物质文明和精神文明相协调的现代化。中国式现代化是人与自然和谐共生的现代化。中国式现代化是走和平发展道路的现代化。

其次要深刻理解中国式现代化的本质要求。中国式现代化具有自己的本质要求。这个本质要求有九个方面，这就是：坚持中国共产党领导，坚持中国特色社会主义，实现高质量发展，发展全过程人民民主，丰富人民精神世界，实现全体人民共同富裕，促进人与自然和谐共生，推动构建人类命运共同体，创造人类文明新形态。

坚持中国共产党领导是对中国式现代化领导力量的本质要求，这是最根本、最重要的一条，彰显领导优势，起政治保证作用。中国特色社会主义最本质的特征是中国共产党的领导，中国特色社会主义制度的最大优势是中国共产党领导，中国共产党是最高政治领导力量。坚持中国特色社会主义是对中国式现代化社会制度的本质要求，彰显制度优势，起方向引领作用。实现高质量发展是对中国式现代化经济建设的本质要求。发展全过程人民民主是对中国式现代化政治建设的本质要求。丰富人民精神世界是对中国式现代化文化建设的本质要求。实现全体人民共同富裕是对中国式现代化社会建设的本质要求。促进人与自然和谐共生是对中国式现代化生态文明建设的本质要求。推动构建人类命运共同体是中国式现代化对外交往的本质要求。创造人类文明新形态是中国式现代化对文明形态的本质要求。

中国式现代化就其内涵而言是新的，不是旧的，是基于中国的国情自己走出来、探索出来的，而不是模仿别人、照抄外国、照搬西方的。中国式现代化的本质要求是，党的领导 + 社会制度 + 五大建设 + 对外交往 + 文明形态，是对我国社会主义现代化建设长期探索和实践的科学总结，是党的现代化理论系统集成的重大创新，是对世界现代化理论的重大丰富和发展。

中国式现代化的目标是全面建成社会主义现代化强国。党的十九大对全面建成社会主义现代化强国作出了战略部署，总的战略安排是分两步走：从2020年到2035年基本实现社会主义现代化；从2035年到本世纪中叶把我国建成富强民主文明和谐美丽的社会主义现代化强国。

党的二十大对全面建成社会主义现代化强国两步走战略安排进行宏观展望，重点部署未来五年的战略任务和重大举措。未来五年是全面建设社会主义现代化国家开局起步的关键时期。党的二十大确定的主要目标任务是：经济高质量发展取得新突破，科技自立自强能力显著提升，构建新发展格局和建设现代化经济体系取得重大进展；改革开放迈出新步伐，国家治理体系和治理能力现代化深入推进，社会主义市场经济体制更加完善，更高水平开放型经济新体制基本形成；全过程人民民主制度化、规范化、程序化水平进一步提高，中国特色社会主义法治体系更加完善；人民精神文化生活更加丰富，中华民族凝聚力和中华文化影响力不断增强；居民收入增长和经济增长基本同步，劳动报酬提高与劳动生产率提高基本同步，基本公共服务均等化水平明显提升，多层次社会保障体系更加健全；城乡人居环境明显改善，美丽中国建设成效显著；国家安全更为巩固，建军一百年奋斗目标如期实现，平安中国建设扎实推进；中国国际地位和影响进一步提高，在全球治理中发挥更大作用。搞好未来五年的发展对于实现第二个百年奋斗目标至关重要。未来五年，要紧紧抓住解决不平衡不充分的发展问题，着力在补短板、强弱项、固底板、扬优势上下功夫。

第三要深刻理解中国式现代化的重大原则。当前，世界百年未有之大变局加速演进，新一轮科技革命和产业变革深入发展，国际力量对比深刻调整，我国发展面临新的战略机遇。同时，世纪疫情影响深远，逆全球化思潮抬头，单边主义、保护主义明显上升，世界经济复苏乏力，局部冲突和动荡频发，全球性问题加剧，世界进入新的动荡变革期。我国发展进入战略机遇和风险挑战并存、不确定难预料因素增多的时期，各种“黑天鹅”“灰犀牛”事件随时可能发生。我们必须增强忧患意识，坚持底线思维，做到居安思危、未雨绸缪，准备经受风高浪急甚至惊涛骇浪的重大考验。

在前进的道路上，推进中国式现代化，总结历史和现实经验，遵循客观发展规律，我们必须牢牢把握五个重大原则：一是坚持和加强党的全面领导，二是坚持中国特色社会主义道路，三是坚持以人民为中心的发展思想，四是坚持深化改革开放，五是坚持发扬斗争精神。

历史和现实雄辩地证明，中国式现代化道路不仅走得对、走得通，而且一定能走得好、走得远，不仅是一条发展中国自身、实现中华民族伟大复兴的光明大道，更是一条造福世界各国、书写人类社会发展新篇章的人间正道。我们要更加紧密地团结在以习近平同志为核心的党中央周围，深刻领悟“两个确立”的决定性意义，增强“四个意识”、坚定“四个自信”、做到“两个维护”，紧紧扭住新时代新征程党的中心任务，集中精力、心无旁骛，排除一切干扰，风雨无阻向前行，以更加强烈的历史主动精神继续推进和拓展中国式现代化，不断夺取全面建设社会主义现代化国家新胜利。

若干党史重大问题研究

学习党史需正确认识把握的若干问题*

2016年是中国共产党成立95周年，各级党组织都正在组织广大党员、干部、群众学习和重温党的历史。习近平总书记指出："历史是最好的教科书。学习党史、国史，是坚持和发展中国特色社会主义、把党和国家各项事业继续推向前进的必修课。这门功课不仅必修，而且必须修好。"中国共产党是一个伟大的党，中国共产党是中国特色社会主义事业的坚强领导核心。党的历史是党的根、党的魂，学好党的历史，我们才能知史爱党、知史兴国，永远跟党走，坚定实现"两个一百年"奋斗目标和中华民族伟大复兴中国梦的决心和信心。当前，学习党的历史，需要正确认识和把握好这样几个重大问题。

正确认识和把握党领导人民进行革命的必要性

中国共产党诞生于风雨如晦、灾难深重的旧中国，它一诞生就

---

* 原载《公关世界》2016年第11期。

肩负起了争取民族独立、人民解放和实现国家富强、人民富裕的两大历史任务。在这两大历史任务中，前一个历史任务是实现后一个历史任务的前提和基础，后一个历史任务是前一个历史任务的发展趋势和必然结果。

对辛亥革命怎么看？对我们党领导的新民主主义革命怎么看？在一个时期里，有人鼓吹所谓“告别革命”论，他们反对一切革命，认为革命在历史上只起破坏作用，阻碍了中国社会历史的发展和现代化的进程。他们所谓的论据是，中国近代以来的主要历史任务是在中国实现现代化，而搞现代化就不应该搞革命，革命要流血牺牲，就会影响发展和建设，就会耽误中国现代化的进程，偏离“以英美为师”发展资本主义的历史轨迹。

这里，实际上提出了这样几个问题：怎样看待革命与现代化的关系？在中国当时的历史条件下能不能搞改良，改良的道路能不能走得通？革命为什么会发生？革命对社会历史的发展起什么作用？历史是已经发生了的事情，历史不可以假设，也不能任意选择。1840 年鸦片战争后，中国历史之所以渐次出现和发生洋务运动、太平天国起义、戊戌变法、辛亥革命，是历史发展规律使然。洋务运动、戊戌变法的失败，告诉我们改良的道路在中国走不通。

那么，革命为什么会发生，它是不是人们主观意志的产物呢？历史的回答是否定的。列宁指出：“在马克思主义者看来，毫无疑问，没有革命形势，就不可能发生革命，而且并不是任何革命形势都会引起革命。”“没有这些不仅不以各个集团和政党的意志、而且也不以各个阶级的意志为转移的客观变化，革命通常是不可能的。”也就是说，革命的发生要有一定的主客观条件，不是随意发生的。

辛亥革命的发生、我们党领导的新民主主义革命的发生都有其客观的形势和历史的必然性。改良失败了，人们就选择了革命；旧民主主义革命失败了，人们就选择了新民主主义革命。这就是历史的辩证法，这就是社会历史发展的逻辑。孙中山投身革命前，想尝试推动清政府实行自上而下的改革，上书李鸿章，希望破灭后才组织了兴中会。毛泽东早年曾呼吁用温和的方法进行社会变革，后来他改变了想法，提出“我看俄国式的革命，是山穷水尽诸路皆走不通了的一个变计，并不是有更好的方法弃而不采，单要采这个恐怖的方法”。

不可否认，革命往往以暴力的形式，在比较短的时间内打破原有的社会秩序，建立新的社会秩序，对人们和社会的冲击和震动比较大。但是，正像马克思所指出的那样：“革命是历史的火车头。”只有进行革命才能扫除中国社会生产力发展的障碍，为实现现代化开辟前进的道路，为现代化的实现提供前提和条件。实现中华民族伟大复兴是近代以来中国人所不懈追求的梦想，中国共产党领导人民进行的新民主主义革命，获得的民族独立、人民解放，为实现中国的现代化和实现中华民族伟大复兴的中国梦奠定了重要的基础。

正确认识和把握党的历史发展中经历的曲折和失误

中国共产党走过了 95 年的光辉历程。历史在人民的探索和奋斗中造就了中国共产党，中国共产党领导人民又造就了新的历史辉煌。95 年来，我们党紧紧依靠人民完成了新民主主义革命，实现了民族独立和人民解放；完成了社会主义革命，确立了社会主义基本制度并取得了社会主义建设的巨大成就；进行了改革开放新的伟大革命，完善和发展了中国特色社会主义。这三件大事，从根本上改变了中国人民和中华民族的前途命运，不可逆转地结束了近代以后中国内忧外患、积贫积弱的悲惨境地，不可逆转地开启了当代中国沿着社会主义道路走向现代化、走向伟大复兴的历史进程。

在95年的历史中，我们党团结带领人民取得的成就与进步伟大辉煌，经历的困难与风险也世所罕见。我们党在历史发展的过程中曾经历过多次曲折，也出现过多次失误。如何认识和看待党的历史上的这些曲折和失误？由于新民主主义革命时期，中国先后是在北洋军阀和国民党的统治下，我们党比较弱小，党在失败后，认真总结经验教训，取得了土地革命战争和抗日战争的胜利，所以，对新民主主义革命时期两次大的曲折和失误争议问题不大也不多。而对社会主义革命和建设时期两次大的曲折和失误，由于是党在全国执政的条件下发生的，所以，就出现了各种各样的说法和看法。有的人借口这个时期党在探索中所出现的曲折和失误，把新中国成立后的这一段历史说得一团漆黑、一无是处，这是不对的，因为这不符合历史事实。但另一方面，对曲折和失误也要敢于面对，如果不正视这些错误，不认真地研究这些错误，不从错误中得到经验教训，也是完全错误的。正确认识和把握历史，应把历史人物和历史事件放到其所处的时代和社会历史条件下去分析、去评价，实事求是，既不拔高，也不苛求。要历史地看，全面地看，发展地看，辩证地看，具体情况具体分析。

马克思曾说过这样一句名言："人要学会走路，也得学会摔跤，而且只有经过摔跤，才能学会走路。"胡绳在《中国共产党的七十年》一书中曾这样说："没有一个党是不犯错误的，重要的问题是能否从错误中学习，取得教训。既要从自己所犯的错误中学习，也要从别人所犯的错误中学习。自己所犯的错误往往是更好的教科书。犯大错误当然是很坏的事情，但是由于在大错误中反映的问题往往特别深刻，这个教科书也就特别值得认真学习。错误能够成为正确的先导，但不是无条件地成为正确的先导。关键在于要善于总结经验。”他的论述是十分精辟和有见地的。

在党的十一届三中全会上，我们党之所以能够顺利实现新中国成立以来党的历史上具有深远历史意义的伟大转折，之后，我们党之所以能够带领全国各族人民成功开辟中国特色社会主义道路，取得改革开放和社会主义现代化建设举世瞩目的伟大成就，重要的原因之一，就是我们党全面深刻地总结和汲取了历史上的经验教训，特别是“文化大革命”的经验教训。中国共产党和中国人民正是从这段历史中得出了重要的历史结论：不改革不行，不制定新的经济、社会政策不行，从而义无反顾地走上了改革开放之路，开创了中国特色社会主义的伟大事业。从党的历史中我们可以看到，党犯过错误，但它绝不忽略和掩盖错误，而是敢于正视和纠正错误，在人民群众的支持下自己纠正自己的错误。

正确认识和把握改革开放前后两个历史时期

中国共产党的 95 年，在不同历史时期，虽然具体内容各不相同，但是，它们的主流和本质是一致的，主题和主线是一脉相承的。党的历史是一个不可分割的有机整体。

一个时期以来，在社会上出现了两种做法，流行着两种倾向性的观点，它们把党在社会主义革命和建设时期的历史与党在改革开放和社会主义现代化建设新时期的历史割裂开来、对立起来，各执一端，或者用改革开放前的历史时期来否定改革开放后的历史时期，或者用改革开放后的历史时期来否定改革开放前的历史时期。这种做法和这些观点都是错误的。

如何正确认识和把握这个问题？习近平总书记在新进中央委员会的委员、候补委员学习贯彻党的十八大精神研讨班上的讲话中深刻阐述了这个问题。他说："我们党领导人民进行社会主义建设，有改革开放前和改革开放后两个历史时期，这是两个相互联系又有重大区别的时期，但本质上都是我们党领导人民进行社会主义建设的实践探索。中国特色社会主义是在改革开放历史新时期开创的，但也是在新中国已经建立起社会主义基本制度、并进行了 20 多年建设的基础上开创的。虽然这两个历史时期在进行社会主义建设的思想指导、方针政策、实际工作上有很大差别，但两者决不是彼此割裂的，更不是根本对立的。不能用改革开放后的历史时期否定改革开放前的历史时期，也不能用改革开放前的历史时期来否定改革开放后的历史时期。"这就为我们正确认识党的各个历史时期的相互关系，特别是把握好社会主义革命和建设时期与改革开放和社会主义现代化建设新时期历史的关系提供了正确指导和基本遵循。

学习领会习近平总书记的重要讲话精神，我以为要把握好这样几个问题：一是改革开放前后两个历史时期是"相互联系"的，这里所说的联系并不只是时间上的延续和顺延，而是在坚持社会主义的发展方向、基本制度、根本任务、奋斗目标基础上的联系，不能将这两个历史时期对立起来、割裂开来。二是改革开放前后两个历史时期是有“重大区别”的，它们的重大区别在改革开放上、在中国特色社会主义的开创上、在进行社会主义建设的思想指导、方针政策、实际工作上，也包括在社会主义实践探索的内外条件和实践基础上。前一个历史时期没有进行改革开放，后一个历史时期进行了改革开放；前一个历史时期为后一个历史时期开创中国特色社会主义提供了宝贵经验、理论准备、物质基础，后一个历史时期是对前一个历史时期实践探索的坚持、完善和发展，开创了中国特色社会主义；两个历史时期进行社会主义建设的思想指导、方针政策和实际工作有很大差别。三是改革开放前后两个历史时期相互不能“否定”，对在前一个历史时期中发生的“文化大革命”运动要彻底否定，但是，要把“文化大革命”运动与“文化大革命”历史时期区分开来，这是两个不同的范畴。前一个范畴指的是一场政治运动，后一个范畴指的是一段内涵更丰富、范围更广大的历史。

历史不能割断，也是割不断的。强调两个不能否定，就是要把这两个历史时期放到历史长河中，特别是要放到党的 95 年历史中去观察和把握。既要注重分析前一个历史时期为后一个历史时期提供了什么，又要注重分析后一个历史时期从前一个历史时期扬弃或者拨正了什么。这样我们才能正确认识各个历史时期在探索、开创、发展中国特色社会主义历程中的独特地位和作用，尊重历史，敬畏历史，珍爱历史，捍卫历史，从党的历史的学习中汲取智慧和力量，从而坚定不移地把中国特色社会主义的伟大事业不断推向前进。

古田会议的历史地位和现实意义*

古田会议召开至今已经整整 90 年了。古田会议是党和人民军队建设史上一座重要的里程碑。重温这段历史，对新时代加强党和人民军队建设具有重大的现实意义。

中国共产党和党领导的人民军队，是在近代中国一种特殊的历史背景下诞生的。她们都有相同的宗旨，负有庄严的历史使命。但是，当时的中国国情、党和人民军队建立之初的状况，对如何建设一个马克思主义的新型政党，如何建设一支党领导下的新型人民军队，提出了艰巨的任务和严峻的课题。古田会议是无产阶级思想与非无产阶级思想斗争的产物，是党和人民军队前进和发展的必然。1929 年 12 月，红四军党的第九次代表大会即古田会议，针对党和红军中大量农民和其他小资产阶级分子进入的实际，通过毛泽东同志主持起草的决议，创造性地运用马克思主义，确立了思想建党、政治建军的基本原则，从根本上解决了加强思想建设，克服各种非无产阶级思想，保持党的无产阶级先锋队性质的问题；解决了加强

---

* 原载《百年潮》2020 年第 1 期。

政治建设，确立党对军队的绝对领导，划清同一切旧式军队界限的问题。这是毛泽东同志对马克思主义建党建军思想的重大贡献。

古田是一片红色的土地，古田会议精神是党和人民的宝贵精神财富。习近平总书记曾多次来到这里缅怀革命先烈，特别是 2014 年 10 月，他亲自提议部署在古田召开全军政治工作会议，这是一次新的古田会议，是对古田会议精神的继承和发展，为全面加强新时代军队政治建设、把人民军队全面建成世界一流军队指明了方向。

我们纪念古田会议，就是要继承和发扬它的革命精神，汲取智慧和力量。古田会议具有重大的现实意义。从新时代的视角看，古田会议给我们以深刻的历史启示。

一是坚持思想建设要坚定不移。从古田会议开始，注重思想建党成为我们党的鲜明特色、光荣传统和独特优势。我们党坚持把马克思主义基本原理与中国实际相结合，先后创立形成了毛泽东思想、邓小平理论、“三个代表”重要思想、科学发展观、习近平新时代中国特色社会主义思想。这是我们党和人民军队不断从胜利走向胜利的科学指南。新时代加强党和人民军队建设，就必须高举习近平新时代中国特色社会主义思想伟大旗帜，坚持不懈用这一思想武装头脑，指导实践，推动工作。

二是加强政治建设要坚定不移。古田会议对党和军队政治建设的创造性探索，至今仍闪耀着真理的光芒。政治建设是党的根本性建设，旗帜鲜明讲政治是我们党作为马克思主义政党的根本要求。新时代加强党和人民军队建设，就要把党的政治建设摆在首位，增强“四个意识”，坚定“四个自信”，做到“两个维护”，确保全党

古田会议会址。

统一意志、统一行动，步调一致向前进。

三是发挥制度优势要坚定不移。古田会议确立的党指挥枪的根本原则和制度，构建的思想教育和政治工作制度，对红军生存发展起到了决定性作用。新时代加强党和人民军队建设，就要发扬我们制度建设的显著优势，坚持和完善中国特色社会主义制度，推进国家治理体系和治理能力现代化，更好地把我们的制度优势转化为治理效能，为实现“两个一百年”奋斗目标、实现中华民族伟大复兴的中国梦提供有力保证。

四是勇于自我革命要坚定不移。古田会议在党的历史上以自我革命的方式纠正了党和红军自身存在的问题，使正确的建党建军原则逐步得以实行，显示了我们党极强的自我纠错和自我修复能力。新时代加强党和人民军队建设，就要勇于自我革命，坚持自我净化、自我完善、自我革新、自我提高，敢于同一切错误言行作斗争，始终保持党的先进性和纯洁性。

古田会议结束七天后，毛泽东同志满怀革命豪情，用诗一般的语言描绘了中国革命的未来。他指出：“它是站在海岸遥望海中已经看得见桅杆尖头了的一只航船，它是立于高山之巅远看东方已见光芒四射喷薄欲出的一轮朝日，它是躁动于母腹中的快要成熟了的一个婴儿”。2014 年全军政治工作会议期间，习近平总书记提出了一个需要全党全军思考和回答的重大政治问题。他说：“我们再次来到这里，目的是寻根溯源，深入思考当初是从哪里出发的、为什么出发的，重温我党我军光荣历史，缅怀老一辈革命家的丰功伟绩，接受思想洗礼，以利于更好前进。”今天，中华民族伟大复兴的光明前景也像光芒四射喷薄欲出的朝日一样，召唤着我们铭记我党我军的光荣历史，从古田再出发，迈向新征程。让我们更加紧密地团结在以习近平同志为核心的党中央周围，不忘初心，牢记使命，永远奋斗，不断续写党和人民军队历史的新辉煌！

长征：一部中国革命的壮丽史诗*

2016年是中国工农红军长征胜利80周年。长征是一个常说常新的永恒话题，是一眼取之不尽、用之不竭的精神源泉。今天，我们纪念红军长征胜利80周年，既是为了缅怀革命先辈，铭记他们为民族独立、人民解放而不怕流血牺牲所建立的丰功伟绩；更是为了从这段历史和革命先辈留给我们的宝贵精神财富中汲取营养、获取前行的强大力量，走好实现“两个一百年”奋斗目标的新的伟大长征。80年前党领导的中国工农红军的长征与我们今天党所领导的全国人民进行的新的长征，其性质是相同的，其内容是相关的。这也正是我们要开展纪念中国工农红军长征胜利80周年的目的和意义所在。

一、红军长征的光辉历程和宝贵经验

1. 说起长征，很多人可能会想起关于描写长征的书籍，比如，

---

* 原载《时事报告》2016年第4期。

美国记者埃德加·斯诺写的《西行漫记》即《红星照耀中国》，美国著名作家索尔兹伯里写的《长征——前所未闻的故事》，我国著名作家魏巍写的《地球的红飘带》等等。可能会想起曾参加过长征的将军萧华作词、晨耕等人作曲、由原北京军区政治部战友歌舞团演出的大型声乐套曲《长征组歌——红军不怕远征难》。人们在没有正式阅读有关长征史书的时候，一般是通过新闻采访作品、小说、报告文学等文艺作品知晓长征的。至于近年来，一些部门还拍摄了许多电影、电视剧和电视文献片，很多题材也大都是反映长征内容的。那么，从历史的角度讲，完整准确意义的长征指的是什么呢？我们说长征，应该从它的定义说起。中国共产党历史、中国人民解放军历史中所讲的长征，说的是从 1934 年 10 月至 1936 年 10 月，中国共产党领导的中国工农红军第一方面军（又称中央红军）、第二方面军（红二、红六军团，在长征途中改编为第二方面军）、第四方面军和红二十五军主力，为粉碎国民党军队的军事“围剿”，保存有生力量，实现北上抗日，陆续离开原革命根据地进行的战略转移。各路红军经过同凶恶的国民党军队和严酷的自然环境的斗争，克服各种困难，长途行军跋涉，先后到达陕甘地区，并实现胜利会师，开创了中国革命斗争的新局面。这是党史、军史中的一段重要历史，也是党史、军史中的一个重大历史事件。

2. 那么，也许有人会问，我们党和红军为什么要付出那么大的代价，实现战略转移，进行长征呢？这就涉及到红军长征的历史原因。说起长征的历史原因，就要从中共党史的大革命后期的历史说起。1927 年，蒋介石、汪精卫之流叛变革命，对共产党人和革命群众进行清洗和屠杀，第一次国共合作全面破裂，大革命失败。中国共产党人不屈不挠，领导人民不断起义，进行武装反抗。从 1927 年秋到 1929 年底，党先后在全国各地发动了 200 多次武装起义。与此同时，建立了多支红军武装和革命根据地。到 1930 年已成立 14 个军，约 10 万多人。从 1927 年到 1934 年，全国共建立了赣南、闽西、湘鄂西、鄂豫皖、琼崖、赣东北、湘鄂赣、湘赣、右江、川陕、陕甘、湘鄂川黔、鄂豫陕、闽东等革命根据地。蒋介石领导的国民党军则对革命根据地不断发动大规模的军事“围剿”。中央革命根据地，在毛泽东军事战略思想指导下，从 1930 年冬到 1933 年 3 月，连续取得了四次反“围剿”的胜利。然而，这种局面没能持续多久。由于党的六届四中全会后，王明“左”倾教条主义在党内取得统治地位，各根据地的革命和建设受到影响。尤其是 1933 年初，临时中央政治局迁至瑞金后，中央革命根据地更是受到错误路线的直接影响。1933 年 9 月，蒋介石调集 50 万重兵对中央革命根据地发动第五次“围剿”。由于当时党的主要领导人和共产国际军事顾问李德等人的错误指挥，红军损失惨重，根据地不断缩小，第五次反“围剿”失败。最后，党中央和中央红军被迫撤离中央革命根据地，不得不进行战略转移。与此同时，其他革命根据地的反“围剿”也相继失利，红二十五军、红四方面军、红二、红六军团也先后从鄂豫皖、川陕、湘鄂川黔革命根据地撤离。由此，我们得知，红军长征是在党内“左”倾教条主义占统治地位，实行错误的军事方针，导致第五次反“围剿”失败，党和红军面临生死存亡危局的紧急关头和情况下被迫作出的战略抉择。

3. 红军的长征是怎样进行的呢？或者说红军长征经历了怎样一个历史过程呢？历史资料显示，红军长征的序幕是由红六军团拉开的。1934 年 8 月上旬，为策应中央红军反“围剿”斗争，并为中央红军战略转移探索道路，红六军团撤离湘赣革命根据地进行西征，后与红二军团会合。10 月，中央红军开始长征。11 月，红二十五军开始长征。1935 年 3 月，红四方面军开始长征。9 月，红二十五军到达陕北延川永平镇，胜利结束长征。10 月，中央红军到达陕北吴起镇，胜利结束长征。1936 年 10 月 9 日，红一、红四方面军在甘肃会宁会师。22、23 日，红二、红六军团分别在甘肃隆德将台堡、兴隆镇与红一方面军会师。红二、红四方面军胜利完成长征。红军三大主力会师，宣告整个长征结束。

红军长征走了多少路程呢？通常我们所说的二万五千里长征，是指红一方面军长征所走过的里程，不是各路红军长征走过的总里程。如果按照红军长征的时间限定，红一方面军的长征里程是二万五千里；红二方面军的长征里程是二万余里；红四方面军的长征里程是一万余里；红二十五军的长征里程是近一万里。各路红军长征的总里程约为六万五千里。红六军团的西征作为长征序幕，走了五千余里，没有计算在内。

红军长征经过的省份有多少个呢？按当时的行政区划统计是 14 个，按现在的行政区划是 15 个。红一方面军经过 11 个省；红二方面军经过 8 个省；红四方面军经过 4 个省；红二十五军经过 4 个省。红军长征转战大半个中国，先后跨越近百条江河，征服 40 多座高山险峰，其中海拔 4000 米以上的雪山就有 20 余座。

在长征期间，红军同敌人进行的重要战役战斗有 600 多次。整个长征，红军牺牲和减员十几万人。长征出发前，红一、红二、红四方面军和红二十五军共有近 20 万人，到达陕甘地区时，只剩约五六万人。其中，红一方面军出发时 8.6 万人，到达陕北时剩下 7000 多人（与红四方面军在一起的红五、红九军团等未计算在内）。红军长征历时之长，行程之远，敌我力量之悬殊，自然环境之恶劣，在人类战争史上是少有的、罕见的。

4. 长征是人民军队历史记录上的第一次，是中国革命史上的奇迹，是世界军事史上的壮举，是人类历史上一座无与伦比的丰碑。那么，红军长征为什么能取得胜利？原因是什么？它留给我们的宝贵经验又是什么？我以为，红军长征胜利的原因和宝贵经验概括起来有以下几点：一是有马克思主义中国化的理论指导。我们党一成立就确定以马克思列宁主义作为党的指导思想。但是，历史表明，马克思主义必须与本国的具体实际相结合。经过毛泽东同志在革命战争和革命根据地的实践探索，已经形成了许多创新性的思想观点，特别是一些军事战略的思想观点，这些思想观点在长征中得到充分运用和体现。二是有坚定的理想信念。我们党是有理想信念的党，我们的红军是有理想信念的军队。长征中，党和红军遇到了那么多令人难以想象的困难，之所以能够克服，理想信念起了重要作用。红三十四师师长陈树湘在战斗中腹部受伤，国民党军队用担架将他押往长沙时，他宁死不做俘虏，将流出来的肠子扯断而壮烈牺牲。贺炳炎、余秋里在战斗中胳膊负伤，都是在没有使用麻药的情况下，用锯子截肢的。贺龙还专门把贺炳炎的两块骨头捡起来包在红绸布里，用来教育官兵。他说："看看，这就是共产党员的骨头！"理想信念就是精神支柱，理想信念在困难的时候，转化成了强大的精神动力。正像邓小平同志指出的那样："过去我们党无论怎样弱小，无论遇到什么困难，一直有强大的战斗力，因为我们有马克思主义和共产主义的信念。有了共同的理想，也就有了铁的纪律。无论过去、现在和将来，这都是我们的真正优势。”三是有人民群众的大力支持。人民群众是党和红军的力量源泉。红军来自人民，为了人民。“红军是穷人的军队”，所以，红军就能得到广大人民群众的支持。没有这一条，红军长征要取得胜利是不可能的。在革命根据地人民群众为了支持红军，将自己的亲人送去当兵。长征途中，许多沿途的群众踊跃参加红军。红军在路过彝族地区时，刘伯承与彝族部落首领小叶丹歃血结盟，这在长征中传为佳话。四是有严格的纪律和坚强的团结。红军是一支新型的人民军队，它有严格的组织纪律。红军的“三大纪律、八项注意”，使红军成为受人民群众欢迎的和具有坚强战斗力的队伍。红军在长征中使用群众的物品时，都按价付费。甚至在强渡大渡河时，给船工付出较高的劳务费用。与群众的买卖公平，在路过藏区时，对无主的农畜产品，或者把银圆埋在地下，或者写下借条。党和红军要求要同破坏团结的现象和行为作斗争，坚决维护党的团结、红军的团结。这是取得长征胜利的重要组织保障。五是有党的正确领导。遵义会议后，党中央逐步形成了以毛泽东同志为首的党的领导集体。党中央坚持民主集中制原则，正确决策，发挥了党的领导的坚强作用。红一方面军长征结束后，毛泽东同志在陕北瓦窑堡党的活动分子会议上所作的报告中指出：“谁使长征胜利的呢？是共产党。没有共产党，这样的长征是不可能设想的。中国共产党，它的领导机关，它的干部，它的党员，是不怕任何艰难困苦的。”诚哉斯言，党的正确领导，是红军长征胜利的一个根本保证。

二、红军长征胜利的伟大意义和重要地位

5. 长征胜利的意义是极其伟大的，长征在中国革命史上的历史地位是极其重要的。它的伟大意义和重要地位是从哪里来的呢？是从长征的基本内涵中产生的，是从长征对中国革命所起的作用和所产生的影响而来的。红军长征从外在的形式看，是走路、行军、突围、转战、打仗等等，但是，从长征的实质内容看，它则是在同三个方面作斗争。一是同强大的敌人作斗争；二是同严酷的自然环境作斗争；三是同党内错误路线作斗争。

从同强大的敌人作斗争方面讲，各路红军是在几十万敌军围追堵截下进行战斗和行军的。长征的两年中，几乎平均每天都要发生一次战役或战斗，红军打了许多急仗、恶仗。平均每天要走三四十公里的路程，最多时有一支部队一昼夜在战斗中急行军 120 公里。蒋介石的国民党政府动用了它的精锐嫡系部队和各地的军阀势力，借助于它强大的人力物力和先进的军事装备、现代化的交通工具对红军进行围堵。而红军的武器装备落后，人数少、力量弱，没有正规的后勤补给，粮食、被服、枪支、弹药、药品等，只能就地筹集。红一方面军长征，突破了敌人的四道封锁线，在突破第四道封锁线湘江时，红军从 8.6 万人减少到 3 万多人。后面，红一方面军经历的四渡赤水、突破乌江、巧渡金沙江、强渡大渡河、飞夺泸定桥等等战役，都是战斗激烈、关系重大的硬仗。红二、红六军团转战乌蒙山区，与十余倍于自己的敌人进行周旋，与敌进行了大小数十次战斗。红四方面军在转战中，发起强渡嘉陵江战役，与封堵的

大渡河上的泸定桥。

敌人进行了浴血奋战。红二十五军在长征中，苦战独树镇，成功突围，保存了有生的革命力量。

从同严酷的自然环境作斗争方面讲，除了涉大江大河激流险滩外，莫过于爬雪山过草地了。红军走过的雪山、草地，地处我国的西部。这里海拔高，气候寒冷，空气稀薄。翻越雪山，最大的困难是，解决缺氧和御寒的问题。如果没有防护措施，在缺氧的情况下在山上停留时间过长，就会危及生命。萧锋在《长征日记》中曾这样记述当时的情景。他写到，雪山上的天气瞬息万变，先是大雾，一会儿下起毛毛细雨，一会儿又下起大雪。爬上山顶的干部、战士气喘吁吁。有些年长体弱的同志快到山顶时，却一头栽倒在路旁，怎么也起不来。医生、卫生员赶去抢救时，那些同志有的已经停止了呼吸。聂荣臻回忆道，在雪山山顶空气稀薄，不能讲话，只能闷着头走，不管多累，也不敢停下来休息，一坐下来就可能永远起不来了。过草地是红军长征中一段最艰难的日子。被称之为穿越“死亡陷阱”。松潘草原是一块沼泽之地，面积大，荒无人烟，到处是泥潭，散发着有毒的气体，水质污浊。红军通过草地，遇到的是行走难、吃饭难、御寒难、宿营难。红军走过这片草地，用了七天七夜时间。由于携带的食物，两三天就吃完了，剩下的时间就只能靠吃野菜、吃草根充饥。因为尝野菜，有的战士中毒死亡。前面的部队将野菜挖完了、吃光了，后续的部队，就开始杀马、杀骡子、宰牦牛，并开始吃皮带、皮鞋、马鞍子、皮坎肩等，甚至有的战士将大便里没有消化的青稞挑出来，洗了再吃。彭德怀将自己心爱的坐骑大黑骡子忍痛杀掉。这匹骡子跟随他长征一路从江西走来，又驮伤病员，又驮粮食和器材，是立了大功的。饲养员护着骡子哭着不让杀。彭德怀说："人比牲口重要。"在两次枪声后，大黑骡子倒下了。红九十三师有个班的七位战士，在吃完钉在鞋底上的皮子后，又吃身上的皮带，当吃完第七根皮带的第一个扣眼时，他们得知即将走出草地，经过商量他们一致同意将这半根皮带保留下来作为纪念。现在，这半根皮带被珍藏在国家博物馆里。红军长征，同大自然的恶劣环境进行了顽强的搏斗，遇到的困难是今天的人们所难以想象的。

从同党内错误路线作斗争方面讲，党中央和红军在长征中，与王明的"左"倾教条主义和张国焘分裂主义进行了坚决斗争。红一方面军与红四方面军会合前召开的通道会议、黎平会议、猴场会议、遵义会议等，主要是解决党中央的军事路线和军事领导问题及对第五次反"围剿"失败的原因进行反思。会合后召开的两河口会议、卓克基会议、芦花会议、沙窝会议、毛尔盖会议、巴西会议、俄界会议等，主要是解决两大主力红军会师后的军事行动以及与张国焘的分歧问题。党中央通过作出决定，发出告同志书以及各种文电，对张国焘的错误进行批评、规劝、教育和挽救。在开展党内的政治生活中，毛泽东、周恩来等中央领导同志展现了高超的领导艺术和政治智慧。

6. 红军长征的胜利具有重大的历史意义和政治意义。1935 年 12 月 27 日，红军长征一结束，毛泽东同志在一次讲话中就深刻阐述了它的伟大意义。他说："讲到长征，请问有什么意义呢？我们说，长征是历史记录上的第一次，长征是宣言书，长征是宣传队，长征是播种机。"今天，我们回顾这段历史，全面总结它所产生的历史作用，可以进一步看到它的重大而深远的意义。2006 年 10 月

22 日，胡锦涛同志在纪念红军长征胜利 70 周年大会上的讲话对其意义进行了概括和总结。他说，第一，长征翻开了马克思列宁主义基本原理同中国革命实践相结合的新篇章。长征途中，以毛泽东同志为主要代表的中国共产党人坚持把马克思列宁主义基本原理同中国革命具体实践相结合，正确解决了关乎党和红军前途命运的三个全局性问题，即引领红军向哪里去的战略方向问题，使党和红军摆脱被动局面的军事指挥问题，结束“左”倾教条主义错误在中央的统治问题，从思想上确保了红军长征胜利。把马克思列宁主义基本原理同中国革命具体实践结合起来，走适合国情的革命道路，实行符合实际的战略策略，这一我们党在血的教训和生死存亡考验中认识并确立起来的思想路线及其取得的重大思想成果，对中国革命产生了深远影响。第二，长征开创了中国革命的新局面。红军长征胜利，使党中央领导中国革命大本营奠基于西北，巩固和发展了陕甘宁革命根据地，使其成为中国革命的政治中心，为党和红军的发展创造了必要条件。红军长征的磨难和考验，锻炼了中国革命力量，党员和红军质量显著提高，为党的队伍和革命力量的壮大、为革命事业的发展培养了基本骨干。红军长征实现了我们党北上抗日的战略方针，推动了抗日民族统一战线的形成，鼓舞了全民族团结抗战的信心和勇气。红军长征胜利，为中国人民夺取抗日战争胜利、进而夺取新民主主义革命胜利打下了坚实基础。第三，长征培育了中国共产党和人民军队的革命精神。红军长征不仅创造了可歌可泣的战争史诗，而且谱写了豪情万丈的精神史诗，铸就了伟大的长征精神。对伟大的长征精神，1996 年 10 月 22 日，江泽民同志在纪念红军长征胜利 60 周年大会上的讲话中就给予了高度总结。这就是，把全国人民和中华民族的根本利益看得高于一切，坚定革命的理想和信念，坚信正义事业必然胜利的精神；为了救国救民，不怕任何艰难险阻，不惜付出一切牺牲的精神；坚持独立自主、实事求是，一切从实际出发的精神；顾全大局、严守纪律、紧密团结的精神；紧紧依靠人民群众，同人民群众生死相依、患难与共、艰苦奋斗的精神。胡锦涛同志在讲话中再次给予了重申和强调。长征精神，是中国共产党人和人民军队革命风范的生动反映，是中华民族自强不息的民族品格的集中展示，是以爱国主义为核心的民族精神的最高体现。长征精神为中国革命不断从胜利走向胜利提供了强大精神动力。第四，具有更深远意义的是，形成了中国革命成熟的坚强领导核心。红军长征从被动到主动、踏上胜利道路，转折点是遵义会议。遵义会议确立了毛泽东同志在红军和党中央的领导地位，开始确立了以毛泽东同志为代表的党中央的正确路线，使红军和党中央得以在极其危急的情况下保存下来，为我们党从挫折走向胜利提供了重要保证。这是我们党走向成熟的重要标志。以毛泽东同志为核心的党的第一代中央领导集体逐步形成，是我们党在领导中国革命的实践中、经过胜利和失败的长期比较作出的历史性选择。从遵义会议开始，又经过十年努力，到党的七大，我们党总结了历史经验，为建立新民主主义的新中国制定了正确的理论和路线方针政策，使全党在思想上、政治上、组织上达到空前的统一和团结，党的领导更加成熟，党的力量成倍壮大，党成为领导全国各族人民进行伟大革命的核心力量。

7. 长征在中国共产党历史和中国人民解放军历史上具有重要地位，它是党史、军史的重要组成部分。长征发生在中国，但它跨越时代和国界的界限具有世界意义。长征是人类精神和意志的一次远征。长征精神不仅是中国共产党人的，也是中国人民和中华民族的；它不仅是中国的，也是世界的。1999 年，美国时代生活出版公司发起了一次人类从 1000 年到 2000 年这 1000 年间，发生的影响世界的 100 件大事的评选。中国入选 3 件，中国工农红军长征入选，另两件是火药武器的出现和成吉思汗帝国的建立。埃德加·斯诺在《西行漫记》中认为："长征是军事史上伟大的业绩之一。"索尔兹伯里在他的《长征——前所未闻的故事》中认为：长征"在人类活动史上是无可比拟的"，"是举世无双的"。美国记者史沫特莱在《伟大的道路——朱德的生平和时代》中写道："长征是军事史上独一无二的事件。与长征比较起来，汉尼拔跨越阿尔卑斯山在'历史小剧院中'失掉了光彩，拿破仑从莫斯科的撤退也只是灾难性的失败，而长征则是最后胜利的前奏曲。"英国陆军元帅蒙哥马利在《三大洲》中说：红军长征"是本世纪最伟大的军事史诗，一次体现出坚韧不拔精神的惊人业绩"。

三、继承和弘扬伟大的长征精神

8. 长征作为一个历史事件，已经过去。但是，它的精神永放光芒。长征是 80 年前中国共产党领导中国工农红军在人民群众的支持下所创造的一个世界奇迹。之所以要长征，是因为党和红军肩负着神圣的历史使命。今天，我们正在沿着中国特色社会主义道路，朝着中华民族伟大复兴中国梦的目标前进。我们要不忘初心，继续前进，为实现党确定的理想和目标奋斗，就要继承和弘扬伟大的长征精神，从中获取强大的精神动力。2016 年 7 月 18 日，习近平总书记到宁夏回族自治区考察。在参观三军会师纪念馆时总书记说了这样一段思想深刻、意蕴深邃的话，对于我们继承和弘扬伟大的长征精神，做好现实工作、勇敢地面向未来具有重要的指导意义。他说，红军长征创造了中外历史的奇迹。革命理想高于天，不怕牺牲、排除万难去争取胜利，面对形形色色的敌人决一死战、克敌制胜，这些都是长征精神的内涵。我们要继承和弘扬好伟大的长征精神。有了这样的精神，没有什么克服不了的困难。我们完全有信心有决心有恒心实现中华民族伟大复兴的中国梦。他强调，长征永远在路上。这次专程来这里，就是缅怀先烈、不忘初心，走新的长征路。今天是实现“两个一百年”奋斗目标的新的长征。我们这一代人要走好我们这一代人的长征路。

9. 弘扬伟大的长征精神，继续走好新的长征路，我们就要不忘初心，在以下几个方面着力和下功夫。

第一，要强化理论武装。红军长征的胜利，是党和红军践行马克思主义，推进马克思主义中国化的胜利。指导思想是一个政党的精神旗帜。以马克思主义为指导，是我们中国共产党人的独特理论优势。中国共产党之所以伟大，之所以站得高，看得远，能够干其他政党干不成的事，能够做其他政党做不了的事，是因为我们党始终把马克思主义这一科学理论作为自己的行动指南，并坚持在实践中不断丰富和发展马克思主义。列宁指出，马克思主义的辩证唯物主义和历史唯物主义是“人类认识世界的伟大工具”。马克思主义的世界观、方法论集人类优秀文明成果之大成，是人类最先进的思想武器。我们党坚持马克思主义、发展马克思主义，就使得我们党能够摆脱以往一切政治力量追求自身利益的局限，敢于为了人民的利益，坚持真理，修正错误。马克思主义是我们立党立国的根本指导思想，在这一根本问题上，我们必须坚定不移，任何时候任何情况下都不能有丝毫动摇。我们要以马克思列宁主义、毛泽东思想、邓小平理论、“三个代表”重要思想、科学发展观为指导，深入学习贯彻习近平总书记系列重要讲话精神。做到真学真懂真信真用，理论联系实际，用科学理论武装头脑，指导实践，推动工作。

第二，要坚定理想信念。红军长征的胜利，是党和红军对共产主义的理想、对马克思主义的信仰的胜利。革命理想高于天。中国共产党之所以叫共产党，就是因为从成立之日起我们党就把共产主义确立为远大理想。我们党之所以能够经受一次次挫折而又一次次奋起，归根到底是因为我们党有远大理想和崇高追求。一个没有理想信念的民族是没有希望的民族。一个没有理想信念的政党是没有凝聚力和战斗力的政党。理想信念的动摇是最危险的动摇，理想信念的滑坡是最危险的滑坡。我们党是否坚强有力，既要看全党在理想信念上是否坚定不移，更要看每一位党员是否坚定不移。理想因其远大而为理想，信念因其执着而为信念。我们要把理想信念教育作为思想建设的战略任务，保持全党在理想追求上的政治定力，自觉做共产主义远大理想和中国特色社会主义共同理想的坚定信仰者、忠实实践者，在全面建成小康社会、实现中华民族伟大复兴中国梦的历史进程中充分发挥先锋模范作用。

第三，要凝聚中国力量。红军长征的胜利，是党的团结、红军的团结、人民的团结的胜利。在红军长征途中，我们党经过艰苦努力和严肃斗争，实现了全党的空前团结、红军的空前团结，密切了党和人民军队同人民群众的血肉联系。没有这种革命的大团结，红军长征胜利是不可能的。团结是克服困难、赢得胜利的强大力量，是凝聚人心、成就伟业的重要保证。团结就是力量，团结出生产力，团结出凝聚力，团结出战斗力。我们要维护和加强全党的团结、全国各族人民的团结，维护和加强各党派、各团体、各民族、各阶层以及各方面的团结，促进政党关系、民族关系、宗教关系、海内外同胞关系的和谐，把一切可以团结的力量团结起来，把一切积极因素调动起来，不断把中国特色社会主义伟大事业推向前进。

第四，要坚持独立自主。红军长征的胜利，是党的独立自主方针和原则的胜利。独立自主是毛泽东思想的活的灵魂之一，是中国共产党和中国人民在长期的革命斗争实践中得出的基本结论。我们党在遵义会议上，独立自主地解决了党和红军面临的重大政治和军事问题，党的领导集体逐步走向成熟。我们党在领导革命、建设、改革长期实践中，坚持独立自主开拓前进道路，这种独立自主的探索和实践精神，这种坚持走自己的路的坚定信心和决心，是我们党全部理论和实践的立足点，也是党和人民事业不断从胜利走向胜利的根本保证。坚持独立自主，就要坚持中国的事情必须由中国人自己作主张，自己来解决。坚定不移走中国特色社会主义道路，既不走封闭僵化的老路，也不走改旗易帜的邪路。增强政治定力，增强道路自信、理论自信、制度自信、文化自信。我们要虚心学习借鉴人类社会创造的一切文明成果，但绝不照抄照搬别国经验和发展模式。坚持独立自主的和平外交政策，坚定不移走和平发展道路。高举和平、发展、合作、共赢的旗帜，坚持在和平共处五项原则基础上同各国友好相处，在平等互利基础上积极开展同各国的交流合作，坚定不移维护世界和平、促进共同发展。

第五，要全面从严治党。红军长征的胜利，是党的领导不断得到改善、党的建设不断得到加强的胜利。没有党的坚强领导，红军长征的胜利、中国革命的胜利，都是不可能的。在中国这样一个特殊的国情里，坚持党的领导，是中国社会历史发展的必然，是中国人民的选择。今天，办好中国的事情，关键依然在党。坚持和完善党的领导，是党和国家的根本所在、命脉所在，是全国各族人民的利益所在、幸福所在。治国必先治党，治党务必从严。管党治党，必须严字当头，把严的要求贯彻全过程，做到真管真严、敢管敢严、长管长严。要加强和规范党内政治生活，严肃党的政治纪律和政治规矩，增强党内政治生活的政治性、时代性、原则性、战斗性，全面净化党内政治生态。要加强党的作风建设，坚持和发扬党的优良传统和作风，坚持抓常、抓细、抓长，使党的作风全面好起来。要反腐倡廉，坚持“老虎”“苍蝇”一起打，做到有案必查、有腐必惩。要加强干部队伍建设，坚决防止和纠正选人用人上的不正之风，把党和人民需要的好干部精心培养起来、及时发现出来、合理使用起来。

80 年前，在党的正确领导下，红军长征取得了伟大胜利。我们坚信，在以习近平同志为核心的党中央的坚强领导下，我们也一定能够夺取新的长征的伟大胜利。

在抗战纪念活动中需把握好的几个重大问题*

2015 年是中国人民抗日战争暨世界反法西斯战争胜利 70 周年，全国将开展一系列纪念活动。为搞好纪念活动，把控好主题导向，需要正确认识把握以下四个重大问题。

一、局部抗战与全国性抗战的关系

认识局部抗战与全国性抗战的关系，首先要厘清抗日战争的起点问题。抗日战争的起点是九一八事变还是七七事变，长期以来认识并不完全一致。但在学术界，大多数人形成的共识是：1931 年九一八事变是抗日战争的起点，1937 年七七事变是全国性抗战的开端，二者之间即为局部抗战。我们可以从两个方面来看待局部抗战与全国性抗战的关系。

一方面，局部抗战与全国性抗战具有统一性。从中日两方面来看，14 年的抗日战争都是一个整体的发展过程，局部抗战是全国性

* 原载《求是》2015 年第 13 期。

抗战的基础和准备，全国性抗战是局部抗战历史的继续和发展。从日本方面来看，九一八事变后的14年，无论侵略中国的政策、步骤、范围、手法如何变化，它始终遵循和坚持企图灭亡中国并征服亚洲的“新大陆政策”。其所图谋的不是通过战争获取局部利益，而是通过局部侵略向全面侵略发展，吞并中国乃至亚洲。从中国方面来看，九一八事变后，即开始了中国人民反抗日本侵略的救亡运动。不管过程多么漫长、道路多么曲折、斗争多么复杂，全民族抗战的方向坚定不移，中华民族伟大觉醒的潮流不可阻挡。大敌当前，全国各阶级、各政党，尤其是国共两党，不能不重新考虑自己的态度和政策。共产党由抗日反蒋、逼蒋抗日到联蒋抗日，国民党则由对日不抵抗到抵抗，由消灭共产党到接受共产党的抗日民族统一战线政策，这是在局部抗战期间逐步实现的。而从七七事变到抗战胜利，尽管国民党内有叛变、动摇，国共之间有磨擦、冲突，但抗日民族统一战线坚持下来了，全民族抗战坚持下来了。总之，我们不应将七七事变前后割裂为两个不同性质的发展阶段，否则就斩断了历史发展的线索和脉络。

另一方面，局部抗战与全国性抗战又具有重大差别。这种差别的突出表现，就是七七事变前后中日民族矛盾和国内阶级矛盾具有实质性变化。七七事变以前，中国仍然处于严重的分裂状态。无论是国民党内部，还是国共两党之间，矛盾和斗争都十分激烈。虽然国共两党都做了一定的抗战准备，尤其是共产党抗战最早、最坚决，也最积极，但军事抗战主要发生在东北、华北和上海等地区，规模、范围、投入都比较有限。七七事变之后，国内阶级矛盾让位给中日民族矛盾，国共两党转变为合作抗日。这个转变非常重要，标志着全国团结抗战的形成，全民族抗战的真正实现。中华民族空前觉醒，它的巨大凝聚力在这个时候最充分地显示了出来。全国性抗战的范围之广、规模之大、投入之多，是局部抗战不可比拟的。

总之，局部抗战与全国性抗战是抗日战争两大发展阶段，既有统一性，也有差异性。我们既要充分肯定全国性抗战，也要充分肯定局部抗战，二者不可偏废。

二、正面战场和敌后战场的关系

两个并存战场的出现，是中国抗日战争的重要特点。正面战场和敌后战场，分别由国共两党主导。过去，海内外学者对两个战场的研究，都曾出现一些不够全面的看法。比如，有的笼统地把正面战场称为国民党战场，敌后战场称为解放区战场。有的只承认某一战场的作用，否定另一战场的作用，对两个战场不能给予恰当的评价。从全民族抗战的视野全面考察两个战场的关系并给予科学的定位，仍是历史研究工作者的重要使命。

正面战场在较长的历史时间，特别是战略防御阶段起着主战场的作用。抗战初期，国民党采取“以空间换取时间”的策略，以节节抗御的方式进行了淞沪抗战、太原会战、徐州会战、南京保卫战、武汉会战等大的战役，吸引和拖住大量日军，为打破日军速胜战略，推动从战略防御进入战略相持阶段发挥了重要作用。后来，由于国民党当权者采取了消极抗战的政策，正面战场的作用受到严重影响。正面战场的大战役虽然胜少败多，但大量地消耗了日军的实力，比如台儿庄战役、淞沪战役、忻口战役、常德战役、衡阳战役等，众多国民党爱国将士血洒疆场。

抗日战争进入相持阶段以后，敌后战场逐渐成为主战场。通常在一般性战争中，游击战主要是对敌人进行骚扰、破坏，对战争只起辅助作用。可是，在中国这样一个落后的、疆域广阔的大国中，特别是在民族战争的条件下，却形成了巨大的敌后游击战场，这在世界战争史上是非常罕见的。具体来说，在战略防御阶段，抗日游击战争迅猛发展，不仅有力配合了正面战场作战，而且创建了敌后抗日根据地，通过在日军背后发起战略性的攻势作战，尤其是对日军的交通线发起频繁的致命性的持续攻击，迫使日军不得不长期而不是暂时分散兵力两面作战，从而为推动抗日战争由战略防御转到战略相持阶段，实现持久抗战发挥了重要作用。据不完全统计，在战略防御阶段，仅八路军、新四军就作战 1600 余次，歼灭敌人 54000 余人。在战略相持阶段，敌后游击战逐渐取代正面战场的正规战，成为抗日战争的主要作战形式，抗击着约 60% 的侵华日军和 95% 的伪军。与正面战场常规作战的一次次战役不同，敌后游击战的重点是面而不是点，是持续而不是阶段，是整体而不是个别，是战略而不是战役，实质上是抗日战争中规模最大、持续最久的一场特殊的战略大会战。在极为艰苦的反“扫荡”、反“清乡”斗争中，敌后军民创造了很多极为有效、灵活多样的歼敌方法，如麻雀战、地道战、地雷战、破袭战、水上游击战、铁道游击战等等，以少胜多，积小胜为大胜，使日、伪军犹如困兽，陷入人民战争的汪洋大海之中不可自拔。1943 年以后，抗日战争进入局部反攻阶段，敌后战场逐步实现由游击战向运动战的转变，收复了大量失地，成为全面反攻的战略基地，为抗日战争的最终胜利作出了重大

活跃在冀中青纱帐里的八路军和游击队。

贡献。仅在1944年一年中，八路军、新四军就作战2万余次，歼灭日、伪军近20万人。敌后游击战争的广泛开展和不断扩大的历史证明，中国共产党领导的游击战是战略上以弱胜强，充分发挥人民战争威力的最有效的作战形式。敌后战场为抗日战争的胜利作出了巨大贡献，起到了改变整个战局发展的战略作用。

正面战场和敌后战场是相互依存和相互支持的关系。历史事实证明，如果没有正面战场多次大规模作战，吸引并杀伤大量日军，敌后战场的开辟将是艰难的；同样，如果没有八路军、新四军和广大人民武装在敌后战场对日、伪军的有力牵制、打击，正面战场所承受的军事压力将更大，有些战役失败得也将更惨。中国是以“熬时间”持久抗战的方式使日本深陷“泥潭”，通过长期的消耗战，最终击败日本军队。战争的特点、形态不同，评价的标准也就不同。评价国共两党在抗战中的军事功绩，不能单纯用兵力和武器优劣、打了多少大仗、牺牲了多少将领等作为唯一的尺度，关键是看两党在推动持久抗战中发挥的作用，关键是看牵制和消耗日军的时间和规模。由此来看，抗战初期国民党正面战场的主战场作用是明显的，战略相持和战略反攻阶段敌后游击战场的关键作用也是明显的。

三、中国共产党和中国国民党在抗日战争中的作用问题

在日本帝国主义大举侵略、中华民族面临亡国灭种的最危急时刻，历史再次向中国每一个阶级和政党提出了挽救国家危亡的紧迫任务。不同的阶级和政党都曾提出自己的救国方案，作出自己的努

力。谁能够带领人民坚决抵抗外来侵略者，并且指出实现这些目标的切实途径，带领人民不断前进，谁就能得到人民的广泛拥护，谁就能在抗日战争中发挥关键作用，否则就会失去人民的信任，以至遭到唾弃。这是谁也无法抗拒的历史规律。

中国国民党是当时中国最大的政党，掌握着全国政权和主要军事力量。国民党逐渐改变此前实行的“攘外必先安内”的错误政策，停止内战，起来抵抗日本侵略者，在抗战初期有过积极表现，以后在共产党的努力下，也始终不曾放下抗战的旗帜，在抗日战争中打过一些胜仗。这些是国民党在抗日战争中发挥的积极作用，对国家、民族有功，值得赞扬。但是，国民党代表大地主大资产阶级的利益，力图使抗战的进行不至于损害他们的统治地位，并且在打败日本侵略者后继续他们的统治，因而实行片面抗战路线。坚持国民党一党专政，只是实行单纯政府和军队的抗战，总是防止民众运动的发展，尤其是千方百计地限制和打击共产党。这样，他们就不能充分依靠并发动民众的力量去抗击日本侵略者，而是尽量保存实力和依赖外援。对怎样夺取抗战的胜利，他们也提不出一套正确的方针和办法来。

在内忧外患中诞生和成长起来的中国共产党，自成立之日起就把实现中华民族伟大复兴作为自己的历史使命，捍卫民族独立最坚定，维护民族利益最坚决，反抗外来侵略最勇敢。九一八事变后，中国共产党最早高举起全民族抗战旗帜，组织游击队开展东北抗战，并与国民党爱国军队和各抗日武装初步合作，给予日本侵略者以有力打击，对唤醒全国民众的爱国热情，激励更多中华儿女奋起抗战起到了重大作用。在日本制造华北事变、民族危机空前严重的关头，中国共产党毅然放下长期遭受血腥屠杀、围追堵截的阶级仇恨，率先倡导建立抗日民族统一战线，推动第二次国共合作正式形成，实现全民族抗战，凝聚了中华民族的抗日力量。在全国性抗战初期，面对大片国土沦丧的异常严峻的局势，中国共产党坚持全面抗战路线，制定正确的战略策略，提出持久战的战略总方针和一整套人民战争的战略战术。特别是 1938 年 5 月毛泽东发表的《论持久战》，以马克思主义的非凡洞察力，清晰地描绘出战争发展全过程的完整蓝图，使人们对战争的未来有了一个清晰的认识，从而大大提高了坚持抗战的信念。抗战进入最艰苦的相持阶段以后，面对动摇妥协、反共分裂的逆流，中国共产党旗帜鲜明地提出“坚持抗战、反对投降，坚持团结、反对分裂，坚持进步、反对倒退”的政治主张，坚持“有理、有利、有节”的斗争原则，努力团结一切要求抗日的力量，使抗日民族统一战线得到巩固和发展。到抗战后期，国民党的专制和腐败表现得越来越厉害，激起人们强烈的不满，特别是 1944 年豫湘桂战场大溃退，更使国民党政府名誉扫地。中国共产党响亮地提出结束一党专政、建立联合政府的主张，得到人们的广泛同情和响应，掀起了抗日民主运动新高潮。

从国共两党的比较和历史的简略回顾中不难看出：抗日战争历史发展的主流，是在中国共产党高举的团结抗日的大旗下，按照中国共产党在各个阶段提出的政治主张向前发展的。抗日主力军——广大工人、农民、资产阶级民主派和其他同盟者被空前广泛地动员、团结起来，跟着共产党走，或者赞成共产党的主张、行动。完全可以说，中国共产党在全民族抗战中起了政治领导的作用。这是中华民族的抗日战争尽管在发展进程中几经曲折，但仍能坚持到底并取得最后胜利的基本保证。

总之，中国共产党发起并坚持的抗日民族统一战线，是夺取抗日战争胜利的基本保证。中国共产党人以自己的政治主张、坚定意志、模范行动，支撑起全民族救亡图存的希望，引领着夺取战争胜利的正确方向，成为夺取战争胜利的民族先锋。中国共产党在抗日战争中发挥了中流砥柱作用，这是客观的历史事实。

四、中国抗日战争在世界反法西斯战争中的地位作用问题

长期以来，基于西方中心论的传统，西方一些历史学家在研究世界反法西斯战争时，往往片面强调欧洲战场，强调美国、英国等国的反法西斯斗争，轻视中国抗战对于世界反法西斯的作用，忽视中国军民作出的巨大牺牲。这一偏见由来已久，根深蒂固，从二战时期中国和西方盟友间的关系上就已初现端倪。因此，正本清源，在正确把握中国抗日战争与世界反法西斯战争关系的基础上，深刻认识中国抗日战争在世界反法西斯战争中的地位和作用，给予科学的定位，仍然是中国学术界、也是国际学术界的一个重大课题。

中国人民抗日战争的胜利，是与世界所有爱好和平与正义的国家和人民、国际组织及各种反法西斯力量的同情和支持分不开的。苏联最早为中国人民抗日战争支援了大批物资、装备，还有 2000 多名苏联飞行员参加了援华志愿飞行队，帮助中国抗击日本侵略者，有 200 多人牺牲在中国战场。美国对中国人民抗日战争给予了很大支持，英、法等国向中国提供了经济援助或军事合作，朝鲜、越南、加拿大、印度、新西兰、波兰、丹麦以及德国、奥地利、罗

马尼亚、保加利亚、日本等国的反法西斯战士直接参加了中国人民的抗日战争。这些国际援助是中国能够坚持抗战并取得胜利的重要条件。但是，也要看到，这并非是中国抗日战争胜利的决定性因素。抗日战争的胜利，主要是中国人民自力更生、不畏强暴、浴血奋战的结果。而且，外援也并非中国抗战取胜所独有的特点，而是世界反法西斯各国取胜的共同点。世界反法西斯战争是一个整体，最后一败俱败、一胜俱胜，同盟国间的支持是相互的、双向的，而非某种单行道。中国持久抗战牵制和消耗日本的大量军力，也对欧洲和亚洲其他地区反法西斯战争的胜利起到了重大的战略支持作用。可以说，在中国抗日战争胜利的旗帜上，凝结着各国友人的血迹；在世界反法西斯战争胜利的丰碑上，熔铸着中国人民的卓著功勋。

作为世界反法西斯战争的重要组成部分，中国抗日战争具有重要的地位和作用。具体来说，可以从两个层面来认识和把握。

第一个层面，中国是世界反法西斯战争的亚洲主战场，对日本侵略者的彻底覆灭起到了决定性作用。中国反法西斯战争起始最早，持续时间最长，条件最艰苦。从 1931 年九一八事变到 1941 年太平洋战争爆发前的十年多时间里，与日本全力抗衡的，举世只有中国。1941 年苏德、太平洋战争爆发后，中国与英美结成了世界反法西斯同盟，由此才不再单独对日作战。正是有了中国这个主要战场，才有亚洲反法西斯战争的胜利。按照日军师团编制计算，中国牵制和抗击的日军兵力最多。从七七事变到抗战结束，日本历年投入到中国战场上的陆军，最多的年份超过编制总额的 90%，最少的一年约占 35%，8 年中平均每年超过 70%。太平洋战争爆发时，日本陆军约70%的兵力、约35个师团被牵制在中国战场。之后，日本陆军主力仍然分布在中国战场。中国摧毁日军有生力量的数目最大，从九一八事变到抗战结束，共歼灭日军150余万人。中国为战胜日本法西斯作出的牺牲最大，军民伤亡多达3500万人。国际形势的大框架、总格局，使对日战争的胜利来自于同盟国共同作战，美、英盟军在亚洲太平洋地区对日本的进攻，苏联军队在中国东北地区参加对日作战，东南亚各个国家和地区的人民反抗日本侵略的斗争，都对打败日本法西斯作出了贡献。但这丝毫没有改变中国抗日战争作为亚洲主战场的地位。中国在打败日本作战中决定性的地位，正像欧洲战场上的苏联、太平洋战场上的美国那样，是毫无疑义的。

第二个层面，中国抗日战争为夺取世界反法西斯战争的胜利，维护世界正义与进步事业作出了重大贡献。中国持久抗战，始终抗击着日本陆军主力，遏止了日本侵犯西伯利亚的北进计划，使苏联得以避免两线作战；牵制和推迟了日军的南进步伐，减轻了日军在太平洋战场对英、美等国的军事压力，在战略和战役上都支援和配合了盟军的作战行动，为保证同盟国实施“先欧后亚”大战略起到了重要作用。中国远征军出师缅甸，对于远东盟军对日作战起了直接的配合作用。作为亚太地区盟军对日作战的重要战略基地，中国为同盟国提供了大量战略物资和军事情报，从人力、物力、财力上支援了同盟国的反法西斯战争。

同时，中国积极倡导和推动世界反法西斯统一战线的建立，并为创建联合国、维护第二次世界大战胜利成果和国际公平正义作出了历史性贡献。中国是世界上最早遭受法西斯侵略的国家，也是建立国际反法西斯统一战线的积极倡导者和有力推动者，为建立国际反法西斯统一战线进行了长期不懈的努力。当日本发动太平洋战争、第二次世界大战扩大到全球范围时，中国主动加强同美、英、苏等盟国的联系，促成国际反法西斯统一战线的正式建立。战争后期，中国又参与了联合国的创建，成为联合国安理会五个常任理事国之一，不仅与同盟国并肩作战，而且积极参与国际事务，支持邻国的独立运动，维护弱小民族的利益，为彻底打败法西斯和维护国际公平正义，发挥了重大作用。

总之，中国人民抗日战争的胜利，在全世界人民面前树立了一个以弱胜强的光辉范例，为最终战胜世界法西斯反动势力作出了不可磨灭的历史贡献。

坚持底线思维　防范化解重大风险*

——以党的历史上的重庆谈判为例

习近平总书记在省部级主要领导干部坚持底线思维着力防范化解重大风险专题研讨班上强调，坚持底线思维，增强忧患意识，提高防控能力，着力防范化解重大风险，保持经济持续健康发展和社会大局稳定。底线思维是习近平总书记的重要思想方法和习近平新时代中国特色社会主义思想的显著特征。坚持和运用底线思维，对增强和提高领导干部驾驭风险的本领至关重要。习近平总书记告诫我们，要“鉴古知今，学史明智”。历史告诉我们，党领导的革命、建设、改革事业从来不是一帆风顺的，在近百年的奋斗历程中成功应对了各种风险与挑战，积累了许多坚持底线思维防范化解重大风险的宝贵经验。抗战胜利后国共两党进行的重庆谈判就是其中一例。深入剖析此范例，对于我们深入学习领会习近平总书记有关重要论述，做好各地区、各部门、各领域、各方面重大风险防范化解工作，具有重要启迪意义。

---

* 原载《光明日报》2019 年 4 月 16 日。

重庆谈判面临的第一个问题是：谈不谈

谈不谈？是谈判者对谈判所面临形势进行全面综合分析并对谈判结果进行预测研判后，作出的行为选择。

抗战胜利后，世界战略格局和中国国内形势发生了重大而深刻的变化。以美国支持的国民党蒋介石为代表的大地主、大资产阶级同以中国共产党为代表的人民大众之间的矛盾，成为中国社会的主要矛盾。当时，摆在中国人民面前的是两个前途、两个中国之命运。一个是黑暗的前途、黑暗的中国之命运，就是继续法西斯独裁统治，使中国回到抗战前的老路上去；另一个是光明的前途、光明的中国之命运，就是将中国建设成为一个独立、自由、民主、统一和富强的新中国。抗战胜利后，国共两党的政治较量首先从重庆谈判开始。重庆谈判也成为一次对中国共产党政治智慧和处理复杂问题能力的重大风险考验。

1945 年 8 月 15 日，日本天皇以广播“终战诏书”的形式宣布接受波茨坦公告，无条件投降。8 月 14 日、20 日、23 日，蒋介石接连向延安发去三封电报，邀请中共中央主席毛泽东赴重庆谈判。面对国民党提出的谈判，我们党谈还是不谈？面对蒋介石发来的邀请，毛泽东去还是不去？这件事对时局、对人心、对国内外舆论都会产生重大影响。我们党要作出正确决策，首先必须对面临的形势作出科学分析和准确判断。

8 月 14 日，在收到蒋介石第一封电报时，中共中央没有立即回复。在此后的两天时间里，毛泽东和中共中央书记处同志多次与周恩来、王若飞交换意见，了解重庆各方面情况。16日给国民党复电。20日当收到蒋介石第二封电报后，中共中央决定由周恩来先去重庆同蒋介石等谈判，待机决定毛泽东的行动。22日给国民党复电。23日在收到蒋介石第三封电报后，中共中央政治局召开扩大会议，讨论同国民党谈判问题。会议决定，先派周恩来前往重庆，随后毛泽东再去。24日给国民党复电。25日中共中央政治局部分成员同从重庆回来的王若飞再次开会研究毛泽东去重庆问题，经过反复权衡利弊，初步商定毛泽东、周恩来、王若飞去重庆谈判。26日中共中央政治局又召开会议，会议最后正式决定毛泽东、周恩来、王若飞去重庆谈判。

当时，中共中央和毛泽东对形势是如何分析的？对谈判是如何决策的呢？ 8月23日，毛泽东在中共中央政治局扩大会议上发言指出，当前的形势表明："中国人民需要和平，苏、美、英也需要和平，不赞成中国打内战"。"国民党暂时也不能下决心打内战，因为它的摊子没有摆好，兵力分散"。"国民党军内部矛盾很多"，"它的实力无论如何弱于日军加伪军"，"加上解放区的存在，共产党不易被消灭，国内人民和国际上反对国民党打内战，因此内战是可以避免和必须避免的"。今后我们的方针仍然是："以斗争达到团结，做到有理有利有节。"毛泽东建议："恩来同志马上去重庆谈判，谈两天就回来，我和赫尔利接着就去。这回不能拖，应该去。"在8月26日中共中央政治局会议上毛泽东发言强调："重庆是可以去和必须去的。"去，"我们可以取得全部主动权"。"由于有我们的力量、全国的人心、蒋介石自己的困难和外国的干预四个条件，这次去重庆是可以解决一些问题的。"历史证明，我们党和毛泽东作出的决定是完全正确的。在当时形势下，不谈不去就会输理，就会中计。如果毛泽东不去重庆，国民党就借此宣布中共拒绝和谈，把内战责任推到共产党身上；如果毛泽东前往谈判，即可向中共施加压力，诱逼其交出军队和解放区政权，并争取时间部署内战。由于中国共产党对谈判决策的英明果断，由于毛泽东不顾个人安危亲赴重庆的“弥天大勇”，使国民党蒋介石的阴谋诡计落空。我们党下了先手棋，打了主动仗，占据了道义制高点，获得了和平民主的好形象，赢得了国内外舆论的广泛好评，得到了广大人民群众尤其是国统区人民群众的衷心拥护和支持。

重庆谈判面临的第二个问题是：谈什么

谈什么？是谈判者在谈判中要涉及的内容，其强调和突出的是谈判的主要事项和要解决的重点问题。一般而言，谈判双方都会在谈判中设定一个争取的高线和坚守的底线。

8 月 28 日，毛泽东、周恩来、王若飞在蒋介石代表张治中和美国驻华大使赫尔利陪同下，乘专机抵达重庆。重庆谈判从次日开始。按理说，国共两党会谈本应各有方案，但国民党却没有提出自己的方案。毛泽东后来说：“他们连发三封电报邀请我们，我们去了，可是他们毫无准备，一切提案都要由我们提出。”之所以出现这种情况，是因为蒋介石没有料到毛泽东会成行。虽然，国民党没有谈判方案，但蒋介石在中共代表团到达后，很快确定了“对毛泽东来渝的方针”，并在同毛泽东的第一次直接商谈中提出了谈判三原则，对这次谈判定了调子、划了框子。其方针是：“政治与军事应

1945 年 8 月 28 日，毛泽东在延安机场向欢送的军民挥帽告别。

整个解决，但对政治之要求予以极度之宽容，而对军事则严格之统一，不稍迁就。”三原则是：一、所有问题整个解决；二、一切问题之解决，均须不违背政令军令之统一；三、政府之改组，不得超越现有法统之外。从中可以看出，蒋介石的方针和原则是要继续维护其反动统治，不允许解放区中共政权和人民军队的合法存在。

9 月 3 日，中共代表团将关于两党商谈的主要问题 11 项提要交国民党政府代表。主要内容包括：确定和平建国方针；承认各党各派的合法平等地位；承认解放区政权及抗日部队；结束国民党的党治等，并表示拥护蒋介石的领导地位。但对中共提出需要解决的一些重大原则问题，国民党政府代表均予以否定。经过斗争，在一些方面取得接近意见。9 月 8 日，国民党政府代表根据蒋介石拟定的谈判要点，对中共提出的 11 项提要作书面答复，表示接受中共代表提出的和平建国、承认党派合法平等、结束党治等项主张，对于召开政治协商会议问题也表示基本同意，但对于解放区政权作为合法地方政府却坚决不同意，对于军队编组问题作了种种限制。从 9 月 12 日起，涉及解放区政权和中共军队整编，双方斗争又趋向激烈。周恩来重申，中共现在的 120 万军队应编为 16 个军 48 个师，分期实施，在自行缩编后仍驻现在解放区；中共控制的 19 个解放区，建立的民选政府，国民政府应予承认。国民党政府代表坚持全国军队缩编，中共军队最高限额不能超过 12 个师，其驻地由“中央”政府确定；对于中共代表提出推荐相关省市政府人选问题，则以有悖政令统一为由，加以拒绝。谈判陷入僵局。

为了打破僵局，9 月 18 日，毛泽东同周恩来经过长时间商讨，准备作出让步。19 日周恩来根据商讨的意见在谈判中提出，可将我军队数目减少。如“中央”军队缩编为120个师，中共应为20个师。军队驻地可分两步在11个地区撤出，集中于黄河以北7个地区。解放区随军队驻地之调整而合并。国民党政府代表继续拒绝。9月21日，赫尔利找毛泽东谈话，要求中共交出军队，否则谈判将破裂。毛泽东的回答是：不要破裂，还要讨论。由于国民党方面全面否定中共的谈判方案，致使会谈于9月中旬一度搁浅，9月21日至26日休会。

9月27日恢复谈判，到10月5日，国共双方代表又进行四次会谈。虽然双方在原则问题上斗争仍然尖锐，但周恩来、王若飞在坚持不损害人民根本利益前提下，采取了更加灵活的态度，一方面提出了双方更容易接近和解决的问题，并表明对于现在无法解决的问题，可在本次谈判后继续谈，以求得最终解决。另一方面更加注意对张治中、邵力子做团结争取工作，推动他们从中斡旋，进而使随后的谈判进展较为顺利。

10月2日，周恩来在双方谈判接近结束时提出建议：拟将一个月来谈判记录整理出来，择其可能发表者发表之，以慰国人之渴望。此举得到国民党政府代表赞同。5日周恩来将亲手草拟的会谈纪要递交国民党政府代表以供讨论。同时，周恩来提出，毛泽东来渝已一月有余，拟于下周返回延安。8日国共双方代表就纪要交换意见并修改定稿。10月10日，周恩来、王若飞同王世杰、张群、邵力子、张治中签署《国民政府与中共代表会谈纪要》（即“双十协定”）并于10月12日由国共双方正式公布。会谈纪要共12项，三种形式。第一种形式是形成了一致意见的内容，即国民党政府接受中共提出的和平建国方针；第二种形式是各自表述的内容，主要是国民大会问题、解放区政权问题、军队整编问题等；第三种形式是形式上承认而实质上未执行的内容，即受降、遣俘、改编伪军问题等。

10月11日，毛泽东返回延安。周恩来、王若飞就悬而未决的问题同国民党方面继续商谈。至此，由毛泽东同蒋介石直接出面参加的国共两党谈判宣告结束。重庆谈判涉及和平建国方针、人民自由权利、党派合法地位、取消特务机关、释放政治犯、日伪受降等问题，但争论的主要问题是解放区政权和军队问题。虽然，在这两个问题上没有达成协议，但谈判是有成效的。毛泽东在返回延安的当天下午主持召开中共中央政治局会议，报告重庆谈判经过。他说：“这个会谈纪要，第一个好处是采取平等的方式双方正式签订，这是历史上没有过的。第二，有成议的六条，都是有益于中国人民的。”10月17日，毛泽东在延安干部会议上作报告，指出：“这次谈判是有收获的。国民党承认了和平团结的方针和人民的某些民主权利，承认了避免内战，两党和平合作建设新中国。这是达成了协议的。还有没有达成协议的。解放区的问题没有解决，军队的问题实际上也没有解决。”当然，“谈判的结果，国民党承认了和平团结的方针。这样很好。国民党再发动内战，他们就在全国和全世界面前输了理，我们就更有理由采取自卫战争，粉碎他们的进攻。”“我们的方针是保护人民的基本利益。在不损害人民基本利益的原则下，容许作一些让步，用这些让步去换得全国人民需要的和平和民主。”但是，“人民的武装，一支枪、一粒子弹，都要保存，不能交出去。”1946年12月18日，周恩来在延安干部会议上作报告讲到重庆谈判时也说：“我们并不因为蒋破坏了这些协定，就以为没有了收获。因为全中国人民都承认了这样的事实，认为中共的地位是不容抹杀的。国民党虽背叛了协议，但他不敢放弃党派协商。”重庆谈判达成的协议，是我们党防范化解重大风险的一个成效，是人民力量的一个胜利。

重庆谈判面临的第三个问题是：怎么谈

怎么谈？是一个内涵丰富且极其复杂的问题。古今中外所有谈判大致可以分为两大类，一类是对等谈判，一类是非对等谈判。两类谈判都需要斗智斗勇，尤其是非对等谈判，不对等一方要维护自己的利益，更需要有超出对方的智慧和勇气。重庆谈判就是一场非对等性的谈判。谈判在桌面，抗衡在桌下。谈的是政治，抗衡的是经济军事。牵一发在重庆，动全身涉及全国。博弈的是智慧、信念、意志、决心和力量。重庆谈判历时 43 天，经过了普遍交换意见、针对实质性问题进行商谈、达成协议三个阶段。这 43 天，是高度紧张、激烈斗争、开展广泛统战工作的 43 天，也是国内外舆论联动、前方后方互动、军事政治相互配合的 43 天。所以，回顾谈判的形式和整个过程，可以说是丰富多样且惊险生动。

（一）谈判在两个层面进行。虽然蒋介石邀请毛泽东赴重庆进行谈判，其实蒋介石同毛泽东直接商谈次数并不多。8 月 29 日，毛泽东、周恩来、王若飞先后会见张治中、蒋介石，毛泽东同蒋介石进行第一次直接商谈。9 月 2 日、4 日、12 日、17 日、10 月 9 日、10 日，毛泽东同蒋介石又进行了 6 次直接商谈。10 月 11 日晨，毛泽东在返回延安前同蒋介石进行最后一次直接商谈。谈判中进行具体磋商的人员，中共方面是周恩来、王若飞，国民党方面是王世杰、张群、邵力子、张治中。毛泽东同蒋介石直接商谈的内容大多属原则层面，一般问题和具体事项由其他谈判人员磋商。国共双方代表的谈判，从 9 月 4 日正式开始，共进行了 12 次。

（二）谈判的前方和后方。在 8 月 23 日召开的中共中央政治局扩大会议上根据毛泽东的建议，决定：在毛泽东去重庆谈判期间，由刘少奇代理中共中央主席职务。会议决定增选陈云、彭真为中央书记处候补书记。为加强新形势下对军事斗争的领导，会议决定组成新的中共中央军事委员会，由毛泽东任主席，朱德、刘少奇、周恩来、彭德怀任副主席。后来，毛泽东在 8 月 26 日的中共中央政治局会议上指出："党的领导中心还在延安，党内也不会有什么扰乱，将来还可能有更多一些的同志到外面去，只要有里面的中心，外面的中心也就能保得住。"在谈判期间，前方后方互动，前方谈判的情况及时向后方通报，中共中央又及时向前方提出建议，将谈判情况和对形势的分析向各中央局、分局、区党委进行通报，并对全党全军的工作作出部署。在谈判开始和谈判期间，中共中央向全党发出了三次通知和通报。在 9 月 26 日的通报中，最后特别向全党告知"毛主席在渝安全"。同日，刘少奇主持召开中共中央政治局会议，讨论毛泽东关于谈判情况的电文。会议根据刘少奇建议，决定开一次高级干部会，讲讲时局、谈判经过及方针，使各级组织及干部有精神上的准备。

（三）谈判中的统战工作。谈判期间，中共代表团广泛地进行争取团结各方面和平民主力量的工作。毛泽东会见了国民党左派宋庆龄、冯玉祥、谭平山、柳亚子、张伯苓等，还会见了中国民主同盟负责人张澜、沈钧儒、罗隆基、章伯钧、黄炎培，以及社会知名人士郭沫若、章士钊、马寅初等。为争取国民党上层人士对中共政治主张的理解，毛泽东分别会晤国民党军政要员孙科、于右任、陈诚、白崇禧、何应钦、陈立夫、程潜、戴季陶等。毛泽东认为：国民党是一个政治联合体，有左、中、右之分，不能看成铁板一块。解决问题还是要找右派，不要放弃和他们的接触。毛泽东还会晤了苏联大使彼得罗夫、美国大使赫尔利以及英国、法国、加拿大、荷兰、比利时等国的驻华使节，还有日本反战作家、美国驻华第十四航空队总部的士兵，向他们反复说明中国共产党的基本主张。周恩来多次举行有各民主党派和国际人士参加的座谈会，会见工商、文化、妇女、新闻各界代表，听取并交流意见。毛泽东、周恩来的这些举动，使中国共产党的立场得到各民主党派、各界爱国人士、国外友好人士的普遍同情和支持。

（四）谈判时利用媒体宣传造势。在谈判紧张进行之时，张澜建议："现在，是你们同国民党双方关起门来谈判。已经谈拢了的，就应当把它公开出来，让大家知道，免得蒋介石今后不认账。"毛泽东采纳了建议。后来，张澜在重庆《新民报》、成都《华西晚报》发表《给国共两党领袖的公开信》，形成了一定的舆论影响。为配合谈判，中共代表团就宣传方针问题向中央发去电报，提出自即日起以各种方式，通过延安与张家口新华社、英文书面与口头广播及《解放日报》加以宣传。9 月 13 日，毛泽东、周恩来、王若飞还首次招待在渝外国记者，介绍中共和平民主主张。

（五）谈判时的军事支持。重庆谈判期间，军事斗争紧密地配合了谈判桌上的斗争。蒋介石为了以军事行动向中共施加压力，迫使中共代表在谈判桌上屈服，除加速向前线调运兵力外，还下令广东、江苏、浙江、安徽、山东、山西等省的国民党军队向人民军队发动进攻。我们党对此进行了针锋相对的斗争。8月30日，刘少奇、朱德、任弼时在给陕甘宁晋绥联防军司令员贺龙的电报中指示："目前在前线上最能配合与帮助谈判的事情，就是能在顽军向我解放区进攻时，在自卫原则下打几个胜利的歼灭战。晋绥方面对于阎锡山与傅作义的进攻望能组织一二次胜利的战斗，以配合毛主席的谈判。"9月11日，中共中央军委电令全军，为促进谈判，必须布置几个有力战役，打退顽军气势。我晋冀鲁豫军区于9月10日至10月12日，在山西长治地区（古称上党郡）实施上党战役，一举歼灭入侵的阎锡山所部3.5万余人，直接配合了谈判斗争。其实在谈判前，毛泽东就已经深刻地思考过这个问题。8月25日，当毛泽东在送别刘伯承、邓小平乘美军观察组飞机离开延安回太行时就说："中间可能经过打打谈谈的情况，逼他承认这些条件。今后我们要向日本占领地进军，扩大解放区，取得我们在谈判中的有利地位。你们回到前方去，放手打就是了，不要担心我在重庆的安全问题。你们打得越好，我越安全，谈得越好。别的法子是没有的。"后来发生的事实完全证明了这一点。

重庆谈判给我们的历史启迪是：底线思维至关重要

什么是底线思维？如何理解和把握底线思维？习近平总书记指出："凡事从坏处准备，努力争取最好的结果，这样才能有备无患、遇事不慌，牢牢把握主动权。"底线思维是防范化解重大风险的重要思想方法。从底线思维来审视重庆谈判，给我们以历史的启迪。

（一）要有充分的思想准备，有战略远见和政治定力。抗日战争胜利后，在极其复杂的斗争中，我们党始终保持着清醒的头脑，采取适应形势发展变化的正确方针和策略。当国内形势出现和平发展可能时，为争取和平民主而努力，并在坚持自卫战争的前提下，对进犯解放区的国民党军坚决回击。当国内和平民主遭到破坏，我们党为制止内战、争取和平进行不懈努力，同时领导解放区人民做好对付全面内战的各种准备，保证了我们党在国内和平向国内战争的转变中处于主动地位。抗战胜利前，早在8月13日，毛泽东在延安干部会上就作了《抗日战争胜利后的时局和我们的方针》的演讲。分析了国内外形势，指出了未来的发展趋势和任务。他强调：我们的方针是“针锋相对，寸土必争”。演讲还揭露了蒋介石玩弄的“你交出军队，我给你民主”的阴谋，指出：“人民得到的权利，绝不允许轻易丧失，必须用战斗来保卫。我们是不要内战的。如果蒋介石一定要强迫中国人民接受内战，为了自卫，为了保卫解放区人民的生命、财产、权利和幸福，我们就只好拿起武器和他作战。”在8月23日中共中央政治局扩大会议上，毛泽东对一些根本性问题作了准确预判。他说：我们要求的条件，“现在最现实的也是双方所力争的是第一条，即承认解放区和解放军。”“关于第一条的争论一定是非常激烈的，双方可能要打打停停，甚至可能要打痛蒋介石才能逼着他让步，他总之是不会满足我们的要求的。”8月30日，毛泽东访问张澜时，张澜表示不相信蒋介石有和平民主的诚意，是假戏。毛泽东说，我们就来一个假戏真做，让全国人民当观众，看出真假，分辨是非，这场戏就大有价值了。这一判断为后来的历史发展过程所证明。重庆谈判结束后，10 月 17 日，毛泽东在延安干部会议上指出：“世界上的事情是复杂的，是由各方面的因素决定的。看问题要从各方面去看，不能只从单方面看。在重庆，有些人认为，蒋介石是靠不住的，是骗人的，要同他谈判出什么结果是不可能的。……但是这只是事情的一个方面。事情还有另外一个方面，还有许多因素，使得蒋介石还不能不有很多顾忌。这里主要有三个因素：解放区的强大，大后方人民的反对内战和国际形势。”“‘针锋相对’，要看形势，有时候不去谈，是针锋相对；有时候去谈，也是针锋相对。从前不去是对的，这次去也是对的，都是针锋相对。这一次我们去得好，击破了国民党说共产党不要和平、不要团结的谣言。”重庆谈判，我们党是作了充分准备的，是有战略谋划的，也是保持了强大政治定力的。

（二）要有大无畏的英雄气概，有敢于斗争的勇气。为了争取中华民族和中国人民的光明前途，中国共产党是敢于斗争、勇于牺牲的。8 月 26 日，在中共中央政治局会议上讨论去重庆谈判问题时，毛泽东说：“去重庆，要充分估计到蒋介石逼我作城下之盟的可能性，但签字之手在我。”“我准备坐班房”，表现出了大无畏的英雄气概和视死如归的革命精神。当天，在中共中央决定派毛泽东等人去重庆谈判时，同时向全党发出了《关于同国民党进行和平谈判的通知》，要求广东、湖南、湖北、河南等地，“这些地方的同志必须独立地分析环境，解决问题，冲破困难，获得生存和发展。待到国民党对于你们无可奈何的时候，可能在两党谈判中被迫承认你们的力量，而允许作有利于双方的处置。但是你们绝对不要依靠谈判，绝对不要希望国民党发善心，……总之，我党面前困难甚多，不可忽视，全党同志必须作充分的精神准备。”强调了斗争精神，强调了要以革命的两手对付反革命的两手。蒋介石实行的是“边谈边打，边打边谈”的策略，我们党对此高度警惕，也采取了一系列对应的立足于“打”、争取“和”的战略策略。党内做好工作的交接准备，在重庆广泛接触各方面人士制造舆论给予揭露和批评，分化瓦解国民党内部等等。10 月 17 日，毛泽东作报告时指出：“我们要承认困难，分析困难，向困难作斗争。世界上没有直路，要准备走曲折的路，不要贪便宜。不能设想，哪一天早上，一切反动派会统统自己跪在地下。总之，前途是光明的，道路是曲折的。我们面前困难还多，不可忽视。我们和全体人民团结起来，共同努力，一定能够排除万难，达到胜利的目的。”“什么叫工作，工作就是斗争。那些地方有困难、有问题，需要我们去解决。我们是为着解决困难去工作、去斗争的。”历史表明，胜利是靠斗争取得的，团结是靠斗争得到和巩固的。以斗争求团结则团结存，以退让求团结则团结亡。

（三）要讲究策略和方法，牢牢守住底线。坚持底线思维，要划出底线，要坚守党和人民的根本利益不动摇。在重庆谈判中，我们党把握和运用了灵活机动的原则和方法。在 8 月 23 日的中共中央政治局扩大会议上，周恩来发言说：“谈判求得妥协，须双方让步。中央决定我出去，我个人想是一个侦察战。我们是诚意要求和平，当然，不能失掉立场。实现和平的后盾，一是力量，一是人心。”8 月 26 日，中共中央向党内发出的通知指出：“我方亦准备给以必要的不伤害人民根本利益的让步。无此让步，不能击破国民党的内战阴谋，不能取得政治上的主动地位，不能取得国际舆论和国内中间派的同情，不能换得我党的合法地位和和平局面。但是让步是有限度的，以不伤害人民根本利益为原则。”“在我党采取上述步骤后，如果国民党还要发动内战，它就在全国全世界面前输了理，我党就有理由采取自卫战争，击破其进攻。”要内外配合，军事政治并用；要作适当让步，不使谈判破裂；要坚持有理有利有节。重庆谈判一结束，在 10 月 12 日，毛泽东为中共中央起草给中央局、分局、区党委的指示，指出：“和平基本方针虽已奠定，但暂时许多局部的大规模的军事冲突仍不可避免。”“我方必须提起充分注意，战胜这些进攻，绝对不可松懈。”“解放区问题未能在此次谈判中解决，还须经过严重斗争，方可解决。这个极端重要的问题不解决，全部和平建国的局面即不能出现。”“解放区军队一枪一弹均必须保持，这是确定不移的原则。”当国民党反动军队举起屠刀时，我们党领导人民也拿起刀枪，英勇反抗国民党的进攻和屠杀。

“历史是最好的教科书，也是最好的清醒剂。”重庆谈判虽已过去 70 多年，但我们党防范化解其带来重大风险的经验，给我们今天以重要启迪。面对波谲云诡的国际形势、复杂敏感的周边环境、艰巨繁重的改革发展稳定任务，我们要按照习近平总书记的要求：“既要高度警惕‘黑天鹅’事件，也要防范‘灰犀牛’事件；既要有防范风险的先手，也要有应对和化解风险挑战的高招；既要打好防范和抵御风险的有准备之战，也要打好化险为夷、转危为机的战略主动战。”各级领导干部工作千头万绪，在做每一项工作前，我们首先要搞清楚底线在哪里？风险在哪里？哪些事情可以做？哪些事情不能做？最坏的情况是什么？最好的结果要什么？科学预见形势发展走势和隐藏其中的风险挑战，做到未雨绸缪。我们要敢于担当、敢于斗争，年轻干部更要到重大斗争中去真刀真枪干。以“踏平坎坷成大道，斗罢艰险又出发”的顽强意志，应对好每一场重大风险挑战，切实把改革发展稳定各项工作做深做实做好。只有这样，我们才能以充沛顽强的斗争精神，保持定力，处变不惊，从容应对重大挑战、抵御重大风险、克服重大阻力、解决重大矛盾，顺利实现“两个一百年”奋斗目标，实现中华民族伟大复兴的中国梦。

遵义会议与十一届三中全会的比较*

遵义会议和十一届三中全会，是中国共产党历史上两次具有重大历史转折意义的会议。这两次会议为何召开？为什么会有如此的地位、作用和影响？是偶然还是必然？潜藏其后的规律和因素是什么？将遵义会议与十一届三中全会作一比较和对照，对于我们认真学习和回顾党的历史，准确认识和把握党的历史的重要节点，深刻总结党在各个历史时期的基本经验，是大有裨益的。

会议历史背景比较

遵义会议和十一届三中全会之所以重要，是与其肩负的历史责任和使命分不开的，而要认识这一点，就要深入了解这两次会议召开的历史背景。

遵义会议是中国共产党在长征途中召开的一次重要会议。这次会议的召开，与分析和总结红军第五次反“围剿”失败的原因有

---

* 原载《百年潮》2011 年第 3 期。

遵义会议会址。

党的十一届三中全会会场。

关。1931年1月，党的六届四中全会召开，王明在共产国际代表米夫的支持下进入中央政治局，以其为主要代表的“左”倾教条主义路线开始在中央占据统治地位，并长达四年之久。王明的“左”倾错误使党在白区的力量遭受严重损失。1933年1月，中共临时中央从上海迁到中央苏区，使中央根据地和红军的工作也受到极大影响。导致最直接、最严重的后果，就是第五次反“围剿”的失败，使中央红军被迫撤出苏区进行长征。长征途中，“左”倾统治者又惊慌失措，表现为军事上的逃跑主义，处处被动挨打，湘江战役后，中央红军和中央机关人员从长征时的8.6万人锐减到3万余人。这引起了广大红军将士的强烈不满，人们对中央的军事领导产生了怀疑。在全军干部特别是高级干部中，酝酿着要求纠正错误、改变领导的意见。许多人深感焦虑，认为不解决这个关键问题，党和红军就难以摆脱极为被动的困境。中国革命处在危急的关头，党和红军向何处去？历史对解决此问题给予了呼唤，提出了要求。

十一届三中全会是我们党和国家在新中国成立后面临向何处去的重大历史关头召开的一次重要会议。1976年10月粉碎“四人帮”后，广大党员和干部强烈要求纠正“文化大革命”的错误，彻底扭转十年内乱造成的严重局面，使党和国家从危难中重新奋起。但是，这一顺应时势的愿望遇到了严重阻碍，党和国家工作在前进中出现徘徊局面。与此同时，世界经济快速发展，科技进步日新月异，国家建设百业待兴，真理标准讨论热潮涌起。国内外大势呼唤我们党尽快就关系党和国家前途命运的大政方针作出政治决断和战略抉择。

从两次会议召开的历史背景看，承载重大历史使命和具有重大历史意义的会议的召开，不是随心所欲的，不是随时随地发生的，它一定要顺应历史发展的大势、趋向和潮流，符合党心、军心和民心，这体现了历史的必然性，符合事物发展的客观规律。

会议历史条件比较

有了开会的需求，会议能否召开并取得成功，必须具备开会的条件，有相关积极因素的聚合。遵义会议和十一届三中全会的召开，都具有许多独特的历史条件。

第一，都是中国共产党独立自主召开的。尽管在召开遵义会议时，中国共产党还是共产国际的一个支部，一些重大决策须向共产国际汇报，尤其是变动党的主要负责人、改变军事指挥和军事路线问题，更须立即报告，并得到其批准和认可。但是，1934 年 8 月，由于中共中央上海局的电台遭到敌人破坏，中共中央上海局与瑞金失去了无线电联系。于是，一段时间里在瑞金和长征途中的中共中央失去了与共产国际的无线电联系。这就给中国共产党独立自主地处理党内事务创造了条件。1978 年 12 月召开的十一届三中全会，则是中国共产党完全独立自主召开的会议。

第二，都有个准备和酝酿过程。遵义会议召开前，党中央已经连续召开通道会议、黎平会议和猴场会议，不同的思想、观点、意见已经开始交锋。十一届三中全会召开前，党中央召开了中央工作会议，十一届三中全会要决策的一系列重大问题，已经在中央工作会议上提出，并经过充分讨论达成共识。而且在中央工作会议召开前，全党、全国已经开展了声势浩大的真理标准问题大讨论，并取得成效，这就为十一届三中全会的召开奠定了思想基础和群众基础。

第三，都坚持了民主集中制原则。两次会议都发扬党内民主，开展了积极的思想斗争，党内民主得到发扬。遵义会议前，毛泽东在行军途中对王稼祥、张闻天及一些红军干部反复进行深入细致的工作。遵义会议上，王稼祥等积极发言，张闻天作反报告，支持毛泽东，在会上形成了多数。1978 年 9 月，邓小平在东北三省视察，走一路讲一路，发表了许多意见。这些意见很快在中央领导层取得共识。在中央工作会议上，党内民主得到极大发扬，与会者畅所欲言，会议开得民主团结、生动活泼。尤其是许多老革命家作为中流砥柱，许多受过革命战争考验的老同志和新中国成立以后锻炼成长起来的中青年同志作为中坚力量，在会上积极发言，敢于批评错误言行，对中央工作会议和随后召开的十一届三中全会取得成功，发挥了重要作用。

第四，都出现了众望所归的党的领袖和核心人物。在遵义会议上，历史选择了毛泽东。在十一届三中全会上，历史选择了邓小平。毛泽东和邓小平之所以得到大多数人的拥护和支持，绝不是偶然的。在遵义会议前，毛泽东的军事指挥和组织能力已经在领导秋收起义、创建井冈山革命根据地以及在几次反“围剿”战争中得到充分展示。邓小平作为党的第一代中央领导集体的重要成员，其才能得到全面展现。特别是他在“文化大革命”后期第二次复出后，主持党中央和国务院日常工作，1975 年大刀阔斧进行全面整顿，取得明显成效，得到全党和全国人民的拥护。1976 年发生在天安门广场的四五运动，正是这种民意的表达和体现。时势造英雄，英雄对历史发展过程也有着重要作用。在重大历史转折的关头召开会议，必须有引领时代潮流、指引前进方向的领袖人物出现。如果缺乏这个条件，这种转折是不会成功的。

会议内容和开会方式比较

遵义会议是中国共产党召开的中央政治局扩大会议，参加会议的人员除政治局委员和候补委员外，第一、第三军团的军团长、政治委员以及第五军团的政治委员参加了会议。十一届三中全会是中国共产党召开的十一届中央委员会第三次全体会议，参加会议的人员是中央委员和候补委员。这里需要特别指出的是，十一届三中全会与此前召开的中央工作会议是两个不能截然分开的会议。从十一届三中全会的内容看，中央工作会议为其作了充分准备，十一届三中全会则以中央全会的法定组织程序，权威地确认了中央工作会议的成果。

从遵义会议和十一届三中全会开会的方式和内容比较，两个会议的不同点是：遵义会议是在战争年代召开的，十一届三中全会则是在和平年代召开的；遵义会议开会的时间比较短，从 1935 年 1 月 15 日至 17 日，只开了 3 天，十一届三中全会开会的时间，从 1978 年 12 月 18 日至 22 日开了 5 天，如果将此前召开的中央工作会议开会的时间加在一起，则开了 41 天；遵义会议上博古（秦邦宪）、李德拒绝批评，不承认错误，中央工作会议上华国锋就“两个凡是”问题作了自我批评，承认这两句话“考虑得不够周全”，“在不同程度上束缚了大家的思想，不利于实事求是地落实党的政策”，接受了批评。其他领导同志也分别就相关问题作了自我批评。

从开会方式和内容的相同点看：第一，这两个会议都改变或调整了原定议程。遵义会议的原定议程是，博古作关于反对第五次“围剿”的总结报告（主报告），周恩来就军事问题作副报告。后来张闻天在会上作了反对“左”倾军事错误的报告，被称之为反报告。毛泽东在会上作长篇重要发言，对博古、李德在军事指挥上的错误进行切中要害的分析和批评，并阐述了中国革命战争的战略战术问题和此后在军事上应采取的方针。毛泽东的发言引导了会议的走向，确定了会议的基调，会后根据与会多数人特别是毛泽东发言的内容，张闻天起草了《中央关于反对敌人五次“围剿”的总结的决议》，这个决议被中共中央召开的扎西会议正式通过。十一届三中全会确认了中央工作会议的重大决策，开得比较顺畅和明确。但如果看一下中央工作会议的议程，可以发现，会议也是在开始后不久很快调整了议程。1978 年 11 月 10 日，中央工作会议开幕，会议预先设定的议题是，讨论农业、农村发展的决定和条例，商定 1979、1980 两年国民经济计划的安排，讨论李先念在国务院务虚会上的讲话。中央政治局决定，在讨论这些议题前，先讨论一下结束全国范围的揭批“四人帮”的群众运动，从明年起把全党工作着重点转移到社会主义现代化建设上来的问题。由于会议议程没有提真理标准问题讨论、思想路线转变的问题，也没有提当时党内外普遍关心的一系列冤假错案的平反问题，引起与会同志的不满。从分组讨论开始，就有人提出要为 1976 年天安门事件平反的重大问题。陈云在东北组发言，提出了解决历史遗留问题的意见，受到与会同志的热烈响应。由于会议的内容超过原定议题，会期也超出了原定时间。在闭幕会上华国锋、叶剑英、邓小平分别讲话，邓小平所作的《解放思想，实事求是，团结一致向前看》的讲话，提出了实现历史转折和进行社会主义现代化建设所面临的最重大、最关键的问题，指明了党在今后的主要任务和前进方向，讲话实际成为随后召开的十一届三中全会的主题报告。后来在党的十五大上，这个讲话被评价为我们党“开辟新时代新道路、开创建设有中国特色社会主义新理论的宣言书”。中央工作会议也就从准备讨论经济工作的会议，开成了一个为全面拨乱反正和开创新局面作准备的会议。

第二，确定议程、调整和增加议题，都是从当时最紧急、最迫切需要解决的重大问题入手。遵义会议是把军事问题和第五次反“围剿”经验教训总结以及组织问题摆在了突出位置。而中央工作会议则是将党内外普遍关心的一系列重大冤假错案的平反问题增加到议题之中。陈云在发言中提出要解决为“薄一波等六十一人叛徒集团”案平反，为天安门事件平反和关于陶铸、彭德怀的结论等六大历史遗留问题。其他同志还提出了要给“二月逆流”、“反击右倾翻案风”等错案平反问题。十一届三中全会将中央政治局关于从1979年起把全党工作着重点转移到社会主义现代化建设上来的建议作为全会讨论的主要内容，同时审议通过关于农业、农村的两个文件和1979、1980两年国民经济计划安排，讨论人事问题和选举成立中央纪律检查委员会。

第三，都对“左”倾错误方针和错误路线开展了批评和斗争。两个会议对一些重大问题有不同的认识和争论，但是在争论和讨论的基础上形成了全党的共识，统一了思想。遵义会议虽然未涉及政治路线的对错，但对军事指挥上的失误进行了批评。会议揭发和批评了第五次反“围剿”和长征以来中央在军事领导上的单纯防御路线的错误，批评了博古为第五次反“围剿”失败进行辩解的错误，肯定了毛泽东的积极防御的军事路线。与会同志纷纷用自己的亲身体会，揭露批评博古、李德错误的军事指挥和极端恶劣的领导方式。经过激烈争辩，会议作出了重要决定。中央工作会议和十一届三中全会，则对“两个凡是”的错误方针进行了严肃批评，并对几位中央领导人在粉碎“四人帮”后工作中的错误提出了批评。两个会议最后分别都将大家的思想最大限度地统一到毛泽东的重要发言和邓小平的重要讲话上来。

第四，都进行了重大人事变动和调整。遵义会议作出了几项重要决定，其中三项都与组织人事有关。一是毛泽东由中央政治局委员升为常委，王稼祥由政治局候补委员升为政治局委员。二是常委进行适当分工。三是取消博古、李德、周恩来组成的“三人团”，恢复中革军委主席、红军总司令朱德和中革军委副主席、红军总政委周恩来指挥军事的权力，同时周恩来还是党内委托的对于指挥军事上下最后决心的负责者。十一届三中全会经过认真讨论和酝酿，增选陈云为中央政治局委员、政治局常委、中央委员会副主席；增选邓颖超、胡耀邦、王震为中央政治局委员；增补黄克诚、宋任穷、胡乔木、习仲勋、王任重、黄火青、陈再道、韩光、周惠为中央委员，选举产生由100人组成的中央纪律检查委员会，陈云为第一书记，邓颖超为第二书记，胡耀邦为第三书记，黄克诚为常务书记。如此重要的会议，只有进行组织人事变动和调整，才能改变力量对比，调整和改造领导层和有关工作机构。

会议策略和发展完善过程比较

遵义会议和十一届三中全会之所以开得成功，还注意了开会的策略，讲究了工作的艺术性。遵义会议上，只在军事路线和军事指挥上进行讨论，没有涉及六届四中全会的政治路线，因为当时迫在眉睫的是组织问题和军事问题，解决了这两个问题也就解决了红军的生存和发展问题。如果这时就思想路线、政治路线等重大问题一揽子解决，不仅不现实，也做不到，其结果只会事与愿违、适得其反。1965年邓小平在同一位亚洲共产党负责人谈话时曾讲到这个问题。他说："当时，毛泽东同志在遵义会议上采取了正确的方针，只是提出军事路线的错误，还不提政治路线错误。""为什么这样呢？就是要把犯错误的同志团结起来，特别是在困难的时候。毛泽东同志正确处理党内问题的政策，使大家团结起来了，渡过了最困难的时刻，完成了长征。""在抗日战争期间，我们党采取总结经验的方法，用整风的方法，把历史上两条路线的斗争搞清楚了，一直到一九四五年我们党的第七次全国代表大会，才得出最后的结论，并在组织上把毛泽东同志选为中央委员会的主席（那时改变了形式，不叫总书记了）。"张闻天在1943年12月写下的总结自己思想历程的整风笔记中也坦诚地讲到这个问题。他说："但因遵义会议没有提出过去中央政治上的路线错误，而且反而肯定了它的正确，使我当时对于我自己过去的一套错误，还很少反省。这在毛泽东同志当时只能如此做，不然我们的联合会成为不可能，因而遵义会议不可能取得胜利。为了党与革命的利益，而这个利益是高于一切的，毛泽东同志当时做了原则上的让步，承认了一个不正确的路线为正确，这在当时是完全必要，完全正确的。这个例子，可以作为党内斗争一个示范来看。”由于遵义会议采取了这种策略，形成党内的最大共识，也为共产国际后来的认可创造了条件。中央工作会议在小组讨论时，也有人提出对“文化大革命”怎么看的问题，但是，中央没有对这个问题匆忙作结论。而是把对“文化大革命”全面的总结留待以后适当时候去做。这也是从全局和长远方面考虑问题的一个策略，如果条件不成熟硬要作结论，就会造成党内的不团结、不统一。

从两个会议的发展完善过程看：遵义会议和十一届三中全会有狭义和广义之分。狭义就是会议本身，广义则是会议涉及的主题和内容，以一个整体去看待，作前展后延，将完成会议的历史使命看作是一个发生、发展和完善的历史过程。两个会议召开前的相关会议是发展过程，召开后的相关会议是完善过程。遵义会议前发展过程的会议是通道会议、黎平会议、猴场会议。会后完善过程的会议是“鸡鸣三省”常委会、扎西会议、苟坝会议以及 1943 年 3 月的中共中央政治局会议、六届七中全会和七大。十一届三中全会前发展过程的会议是中央工作会议，会后完善过程的会议是十一届五中全会和六中全会。

会议重要成果和历史意义比较

对于遵义会议，1945 年 4 月 20 日党的六届七中全会通过的《关于若干历史问题的决议》首次正式作出结论。1981 年 6 月 27 日党的十一届六中全会通过的《关于建国以来党的若干历史问题的决议》再次作出结论。对于十一届三中全会是在《关于建国以来党的若干历史问题的决议》中第一次正式作出结论的。党的十二大、十四大、十七大报告有评价性论述。江泽民和胡锦涛分别在中国共产党纪念十一届三中全会召开20周年和30周年大会上的讲话有专门评价。遵义会议召开至今已经70多年了，十一届三中全会召开至今已经30多年了。这两个会议都经受了时间的考验和实践的检验，事实充分说明，中共中央的两次历史决议和几次党代会的报告以及党的主要领导人的讲话、谈话对其所作的评价是完全正确的，也是恰如其分的。

遵义会议和十一届三中全会在中国共产党的历史上有着重大历史意义，对中国革命、建设和改革产生了重大影响。

遵义会议“是中国党内最有历史意义的转变”，在党的历史上“是一个生死攸关的转折点”，“确定了毛泽东同志在红军和党中央的领导地位，使红军和党中央得以在极其危急的情况下保存下来”，“在长征的极端艰险的条件下保存了并锻炼了党和红军的基干，胜利地克服了坚持退却逃跑主义并实行成立第二党的张国焘路线，挽救了‘左’倾路线所造成的陕北革命根据地的危机，正确地解决了一九三六年的西安事变，组织了抗日民族统一战线，推动了神圣的抗日战争的爆发。”

十一届三中全会，“实现了新中国成立以来我们党历史上具有深远意义的伟大转折，开启了我国改革开放历史新时期。从此，党领导全国各族人民在新的历史条件下开始了新的伟大革命。”“在邓小平同志领导下和其他老一辈革命家支持下，党的十一届三中全会开始全面认真纠正‘文化大革命’中及其以前的‘左’倾错误，坚决批判‘两个凡是’的错误方针，充分肯定了必须完整、准确地掌握毛泽东思想的科学体系，高度评价了关于真理标准问题的讨论，确定了解放思想、开动脑筋、实事求是、团结一致向前看的指导方针，果断停止使用‘以阶级斗争为纲’的口号，作出了把党和国家工作中心转移到经济建设上来、实行改革开放的历史性决策”。“党的十一届三中全会标志着我们党重新确立了马克思主义的思想路线、政治路线、组织路线，标志着中国共产党人在新的时代条件下的伟大觉醒，显示了我们党顺应时代潮流和人民愿望、勇敢开辟建设社会主义新路的坚强决心。”这次全会，就体现党的正确指导思想、决定党和国家重大方针政策的实际作用来看，邓小平实际已经成为党中央领导集体的核心。十一届三中全会以来，“中国共产党人和中国人民以一往无前的进取精神和波澜壮阔的创新实践，谱写了中华民族自强不息、顽强奋进新的壮丽史诗，中国人民的面貌、社会主义中国的面貌、中国共产党的面貌发生了历史性的变化”。

综上所述，遵义会议和十一届三中全会在中国共产党历史上产生了重大历史作用和影响，以其独特的历史地位载入了史册，随着时间的推移其意义会愈加凸显。我们要传承和弘扬好这两次会议的伟大精神，善于从党的历史中汲取前进的智慧和力量，面对新形势和新任务，不断把党的建设新的伟大工程和中国特色社会主义伟大事业推向前进。

从领袖年谱中感悟真理力量和人格力量*

习近平总书记在党史学习教育动员大会讲话中指出："我们党历来重视党史学习教育，注重用党的奋斗历程和伟大成就鼓舞斗志、明确方向，用党的光荣传统和优良作风坚定信念、凝聚力量，用党的实践创造和历史经验启迪智慧、砥砺品格。"领袖年谱客观记录了老一辈革命家的生平、活动、思想、业绩，反映了党的奋斗历程和伟大成就、历史经验和理论成果、光荣传统和优良作风，为全党党史学习教育提供了重要参考。学习领袖年谱，我们能够从中感悟真理力量和人格力量，对动员全党全国满怀信心投身全面建设社会主义现代化国家伟大实践，具有重要作用。

领袖年谱是党史学习教育的重要资源

领袖年谱是记述老一辈革命家生平、活动、思想、业绩的编年体著作。1980 年，原中央文献研究室成立后，编辑出版了毛泽

---

* 原载《学习时报》2021 年 4 月 26 日。

东、周恩来、刘少奇、朱德、邓小平、陈云等老一辈革命家的年谱传记。

毛泽东年谱有《毛泽东年谱（1893—1949）》《毛泽东年谱（1949—1976）》两部。《毛泽东年谱》全面记述了毛泽东的生平、活动、业绩，反映了他的思想、理论、决策、工作方法，反映了中国共产党领导人民进行新民主主义革命、社会主义革命和建设的主要历程、成就、经验。

周恩来年谱有《周恩来年谱（1898—1949）》《周恩来年谱（1949—1976）》两部。《周恩来年谱》是一部关于周恩来生平和思想的编年体著作，以丰富、翔实、准确的材料介绍了周恩来的高尚品德、党性修养和无私精神。

刘少奇年谱有《刘少奇年谱（1898—1969）》和《刘少奇年谱（1898—1949）》增订版两个版本。《刘少奇年谱》记述了刘少奇的经历、活动、思想、业绩，反映了刘少奇的生平事迹、革命实践、思想发展和理论贡献。

朱德年谱有初版和新编本两个版本。《朱德年谱》是一部全面记述朱德生平业绩和思想的编年体著作。

邓小平年谱有《邓小平年谱（1904—1974）》《邓小平年谱（1975—1997）》《邓小平思想年谱（1975—1997）》等。《邓小平年谱》全面记述了邓小平一生的经历、活动，反映了他为民族独立、人民解放和国家富强、人民幸福奋斗的业绩和作出的重大贡献，展现了他的思想发展脉络和始终保持的革命精神与崇高的品格风范。

《陈云年谱》有两个版本，全面展示了陈云的思想发展轨迹和特点，体现了他的思想方法和思想作风、工作作风。

领袖年谱是党史学习教育的重要资源。

领袖年谱以翔实可靠的历史文献和档案材料为依据，记述了老一辈革命家的生平思想、业绩风范，是了解和研究老一辈革命家的重要书籍，是了解和研究中国共产党历史的重要书籍，为全党党史学习教育提供了重要资源。

学习领袖年谱有助于明理、增信、崇德、力行

领袖年谱不仅记述了老一辈革命家生平、活动、思想、业绩，也展现了我们党团结带领人民开辟的伟大道路，建立的伟大功业，铸就的伟大精神，积累的宝贵经验。学习领袖年谱，有助于我们学史明理、学史增信、学史崇德、学史力行，学党史、悟思想、办实事、开新局。

学习领袖年谱，坚定理想信念。理想信念是共产党人的政治灵魂，是共产党人经受住各种考验的精神支柱。理想因其远大而为理想，信念因其执着而为信念。老一辈革命家在长期革命生涯中，执着选择了马克思列宁主义，选择了为实现共产主义而奋斗的崇高理想，是我们党理想信念坚定的光辉典范。1920年下半年，毛泽东就提出："没有主义，是造不成空气的。""主义譬如一面旗子，旗子立起了，大家才有所指望，才知所趋赴"。毛泽东早年通过阅读《共产党宣言》，树立起对马克思主义的信仰。他说过：《共产党宣言》我看了不下一百遍；每阅读一次，我都有新的启发。这本号称"马克思主义的小百科全书"陪伴了他的一生。周恩来从确立共产主义信仰时就说："我认的主义一定是不变了，并且很坚决地要为他宣传奔走。"他说过："在任何艰难困苦的情况下，都要以誓死不变的精

神为共产主义奋斗到底。”他一生都遵奉着自己的誓言。刘少奇始终忠于党、忠于革命和共产主义事业，在“文化大革命”的艰难时刻仍誓言“一个革命者，生为革命，死也永远为共产主义事业，一心不变”。朱德的一生，是为共产主义事业奋斗的一生，是坚持革命的一生。他在89岁高龄时亲笔写下“革命到底”的条幅。邓小平在苏联求学期间就立志“更坚决的把我的身子交给我们的党，交给本阶级”。他晚年总结说，“社会主义是可爱的，为社会主义奋斗是值得的。这同时也是为共产主义奋斗。”陈云无论处于顺境还是逆境，对共产主义信仰始终不动摇。他提出的“共产党员的标准”第一条就是“终身为共产主义奋斗”。学习领袖年谱，有助于我们坚定对马克思主义的信仰，对社会主义、共产主义的信念，对实现中华民族伟大复兴中国梦的信心，增强忠诚核心、维护核心、看齐核心的政治自觉和行动自觉。

学习领袖年谱，强化理论武装。指导思想是一个政党的精神旗帜。理论上不彻底，就难以服人。我们党的历史，就是一部不断推进马克思主义中国化的历史，就是一部不断推进理论创新、进行理论创造的历史。老一辈革命家在长期革命生涯中，始终高举马克思主义伟大旗帜，大力推进马克思主义中国化、时代化、大众化，是我们党推进理论创新的先行者、实践者。以毛泽东同志为主要代表的中国共产党人，把马克思主义基本原理同中国革命和建设的具体实际结合起来，创立了毛泽东思想，为中国新民主主义革命的胜利和社会主义道路的探索做了理论准备。刘少奇在党的七大上完整概括和系统阐述了毛泽东思想，指出以马克思列宁主义的理论与中国革命的实践之统一的思想——毛泽东思想，作为我们党一切工作的指针。改革开放初期，邓小平指导我们党科学评价毛泽东同志的历史地位和毛泽东思想的科学体系，坚决顶住否定毛泽东同志和毛泽东思想的错误思潮。周恩来、朱德、陈云都对毛泽东思想的形成和发展作出了自己的贡献。以邓小平同志为主要代表的中国共产党人，把马克思列宁主义的基本原理同当代中国实践和时代特征相结合，创立了邓小平理论，深刻揭示了社会主义的本质，把对社会主义的认识提高到新的科学水平。陈云对邓小平理论形成和发展作出了重要贡献。学习领袖年谱，有助于我们感悟马克思主义的真理力量和实践力量，坚持把马克思列宁主义同中国实际相结合，坚持不懈用党的创新理论最新成果武装头脑、指导实践、推动工作。

学习领袖年谱，加强党性修养。党性修养是无产阶级政党自身建设的一个重要问题。加强党性锻炼、党性修养是中国共产党保持先进性和纯洁性、加强党的政治建设的内在要求，是共产党人保持政治本色、践行党的初心使命的根本途径。老一辈革命家在长期革命生涯中，始终把党性修养作为一辈子的事情，为我们党锤炼党性修养、加强自身建设作出了表率。毛泽东在党的七大上从作风方面对党性作了阐释："一致的行动，一致的意见，集体主义，就是党性。" 1941 年 7 月，中央政治局通过了《中共中央关于增强党性的决定》，要求全党同志加强锻炼党性、提高党性、培养党性、增强党性，保证全党统一意志、行动和纪律。周恩来始终注重自己的思想改造，他把思想改造看成像空气一样，非有不可。他提出领导干部要严格要求，一步一步地过好思想关、政治关、社会关、亲属关、生活关。刘少奇在革命实践中特别重视共产党员的修养问题。他撰写的《论共产党员的修养》一书一版再版，教育了一代又一代共产党人。朱德一生事事处处以党和人民事业、党和国家大局为重，坚定维护党的团结。他在党的八大上作了《加强团结，建设社会主义》的发言。邓小平从参加革命起，就把革命干成功作为自己的追求。他一生“三落三起”，每次被错误批判打倒都豁达乐观、沉着坚韧，对未来充满希望；每次复出重新回到工作岗位都以顽强的意志排除各种干扰，坚定不移推动正确路线方针政策的形成和实践。陈云在党的十一届三中全会后，按照从严治党的要求，努力探索改革开放新形势下加强党员党性修养的有效途径。学习领袖年谱，有助于我们践行党的初心使命，推进党的自我革命，保持党的先进性和纯洁性，确保党始终成为中国特色社会主义事业的坚强领导核心。

学习领袖年谱，继承光荣传统。党的光荣传统和优良作风是我们党的性质和宗旨的集中体现，是我们党区别于其他政党的显著标志。我们党要得到人民群众的支持和拥护，必须持之以恒发扬党的光荣传统和优良作风。老一辈革命家在长期革命生涯中，培育并坚持了一系列光荣传统和优良作风，是践行党的光荣传统和优良作风的光辉典范。1945 年 4 月，毛泽东在党的七大上把我们党形成的优良作风精辟地概括为“党的三大作风”，即理论联系实际的作风、密切联系群众的作风、批评和自我批评的作风。他第一次把为人民服务作为一个科学命题提出并将其确立为党的根本宗旨。周恩来一生勇肩重任、勇挑重担、呕心沥血、任劳任怨。新中国成立后，他平时每天工作都在 12 个小时以上，有时在 16 个小时以上。他在生命最后时期仍抱病操劳国事，真正做到了鞠躬尽瘁、死而后已。刘少奇一生重视学习，他向书本学习，向实践学习，向人民群众学习，注重把马克思主义基本原理同中国革命和建设的具体实际相结合，善于把丰富的实践经验提升到理论高度，表现出一个马克思主义理论家的可贵品格。朱德始终坚持实事求是，经常深入基层调查研究，1951年到1966年间向党中央提交了108份调研报告。邓小平一生坚持开拓创新，始终秉持着一种革故鼎新、一往无前的勇气，一种善于用创造性思维打开新局面的锐气。在他的倡导和支持下，改革大潮汇聚成时代洪流，使社会主义中国的面貌发生了历史性变化。陈云一直倡导党员干部学习哲学，提炼出“不唯上、不唯书、只唯实，交换、比较、反复”带有鲜明特点的“十五字诀”。学习领袖年谱，有助于党员干部弘扬光荣传统和优良作风，继承革命精神，在新时代全面建设社会主义现代化国家新征程中奋勇争先、建功立业，努力创造无愧于党、无愧于人民、无愧于时代的业绩！

学习领袖年谱要把握的几个问题

习近平总书记关于党史的重要论述，为学习领袖年谱提供了科学方法。学习领袖年谱，要把握好以下几个问题：

学习领袖年谱，要以习近平总书记在纪念老一辈革命家诞辰座谈会上的重要讲话为根本遵循。党的十八大以来，习近平总书记出席了纪念毛泽东同志诞辰120周年座谈会、纪念周恩来同志诞辰120周年座谈会、纪念刘少奇同志诞辰120周年座谈会、纪念朱德同志诞辰130周年座谈会、纪念邓小平同志诞辰110周年座谈会、纪念陈云同志诞辰110周年座谈会，发表了重要讲话，回顾了老一辈革命家的丰功伟绩，总结了他们为中国革命、建设、改革作出的卓越贡献，号召全党全国人民学习他们的崇高品德和精神风范，对于全党全国人民坚定中国特色社会主义道路自信、理论自信、制度自信、文化自信，坚定不移把中国特色社会主义事业推向前进，实现中华民族伟大复兴的中国梦具有重大意义。

学习领袖年谱，要与学习党的历史结合起来。中国共产党的历史，概括说就是不懈奋斗史、理论探索史、践行初心使命史、政治锻造史、自身建设史。要在历史长河中、在党的历史大背景下，深刻认识和铭记老一辈革命家为中国革命、建设、改革作出的重大贡献，发扬党的光荣传统和优良作风，以党的自我革命推动社会革命。对老一辈革命家的历史评价，应放在其所处时代和社会的历史条件下去分析，不能离开对历史条件、历史过程的全面认识和对历史规律的科学把握，不能忽略历史必然性和历史偶然性的关系，不能用今天的时代条件、发展水平、认识水平去衡量和要求前人，不能苛求前人干出只有后人才能干出的业绩来。

学习领袖年谱，要与学习领袖传记相互贯通。领袖年谱、传记都反映和体现着领袖生平业绩、理论思想、人格风范。领袖年谱偏重于“记”，是领袖文稿、讲话、谈话、批示、书信和其他史料的汇编。领袖传记偏重于“述”，是历史学者根据各种史料撰写的研究领袖的著作。学习领袖年谱，可以对各位领袖的年谱进行综合比较，既可以形成完整的资料链，展现整个事件的全貌，又可以凸显领袖在事件中所处地位和发挥的作用。可以与领袖传记结合起来学习，以便对他们所处的历史环境及环境的影响有更多了解，对业绩看得更清晰，对思想理论和精神风范形成的实践基础有更多理解，有更深刻的认识。

学习领袖年谱，要注重实践应用。历史、现实、未来是相通的。学习的目的在于应用。学习领袖年谱，要着重了解他们为民族独立和人民解放、国家富强和人民幸福奋斗的光辉生涯，认识他们为党、人民、国家建立的卓著功勋，认识他们为推进马克思主义中国化、创新党的理论所作出的贡献，学习继承他们的崇高品德和精神风范，激励全党全国各族人民为夺取新时代中国特色社会主义伟大胜利、实现中华民族伟大复兴的中国梦而不懈奋斗。

如何正确学习和认识党史

讲好中国共产党的故事*

经党中央批准，中央党史和文献研究院编写、翻译的《中国共产党的一百年》英文版正式出版发行。这是继《中国共产党的一百年》中文版出版发行之后，全国党史界、理论界和党史学习、理论教育以及外宣工作的一件大事。习近平总书记在党的二十大报告中强调，加快构建中国话语和中国叙事体系，讲好中国故事、传播好中国声音，展现可信、可爱、可敬的中国形象。《中国共产党的一百年》英文版，对于不断提高国际传播影响力、中华文化感召力、中国形象亲和力、中国话语说服力、国际舆论引导力，让中国共产党的故事更为生动，让中国共产党的形象更加鲜活，让中华优秀传统文化更加深入人心，向世界展示一个真实、立体、全面的中国共产党和古老而又现代的中国，具有重要意义。

---

* 原载《光明日报》2023 年 3 月 1 日。

《中国共产党的一百年》中文版和英文版。

《中国共产党的一百年》是一部什么样的书

习近平总书记指出："党的历史是最生动、最有说服力的教科书。""持之以恒推进党史总结、学习、教育、宣传，让正确党史观更深入、更广泛地树立起来，让正史成为全党全社会的共识，教育广大党员、干部和全体人民特别是广大青年坚定历史自信、筑牢历史记忆，满怀信心地向前进。"

《中国共产党的一百年》就是这样一部正史著作。它集权威性、科学性、准确性、完整性、系统性、针对性于一体。这部书的权威性体现在它是经党中央批准的党史正史著作；这部书的科学性体现在它是在习近平新时代中国特色社会主义思想科学指引下、习近平总书记作出长篇重要批示指导、严格遵循党的三个历史决议、吸收党史学界最新研究成果的科学著作；这部书的准确性体现在它是依据权威文献、运用第一手史料、经过反复核校确保准确无误的成果；这部书的完整性体现在它是迄今为止公开出版的权威党史著作中历史时间跨度最长、内容最为系统完整的正史著作；这部书的系统性体现在它是一以贯之记述和反映党的不懈奋斗史、不怕牺牲史、理论探索史、为民造福史、自身建设史，一以贯之记述和反映伟大建党精神和精神谱系，一以贯之记述和反映党坚持以伟大自我革命引领伟大社会革命的正史著作；这部书的针对性体现在它是有针对性地回应和解决党史学习教育中广大党员干部关心关注的问题、有针对性地澄清涉党史的谬误、有力回击历史虚无主义的正史著作。它写的是历史，叙的是奋斗，述的是大道，探索的是规律，启示的是当下，烛照的是未来，蕴藏着资政育人的丰厚滋养。它的出版发行，将为全党坚持以习近平新时代中国特色社会主义思想为指导，不断巩固拓展党史学习教育成果，深刻领悟“两个确立”的决定性意义，增强“四个意识”，坚定“四个自信”，做到“两个维护”，激励全党和全国人民奋进新征程、建功新时代发挥重要的作用。

恩格斯指出，“历史就是我们的一切”。中国的历史，就是中华民族形成和发展以及中国人民几千年来自强不息、艰苦奋斗的真实记录；中国共产党的历史，就是中国共产党成立以来团结带领中国人民为争取民族独立、人民解放和实现国家富强、人民幸福而不懈奋斗的真实记录。这些记录中有信仰，有意志；有目标，有方向；有宗旨，有传统；有成就，有警示；有勇气，有定力。一言以蔽之，中国共产党的历史有无穷的智慧、丰富的营养和前行的强大力量。这种力量是中国共产党和中国人民的宝贵财富，同时也是全世界人民的宝贵财富。我们必须把这一宝贵财富以权威正史的方式科学地记录下来、总结下来，也应当把这一宝贵财富以权威正史的方式广泛地传播出去、推广出去。

《中国共产党的一百年》英文版，就是这样一部外文版的权威党史正史著作。这部著作在坚持与中文版一致的权威性、科学性、准确性、完整性、系统性、针对性的基础上，努力达到了著作翻译的“信、达、雅”标准。“信”，《中国共产党的一百年》英文版完全忠实于中文原著；“达”，是每一个概念、每一句表述，都准确、规范；“雅”，在准确、规范的基础上，这部著作做到了文字流畅、表达优美。相信这部书的出版，必能为国际社会了解中国共产党的发展历程、创新理论和实践，感受中国共产党人和中国人民的精神面貌，提供真实、珍贵、权威的第一手译文资料。

从《中国共产党的一百年》中能读到什么

百年党史，浓缩到一部四卷本的著作中，是很不容易的，要求既要全面把握又要重点突出，既要“叙”又要“议”，既要“质”又要“文”。在编写和翻译《中国共产党的一百年》的过程中，比较好地把握了这些要求。

第一，这部书记述中国共产党的奋斗历程和伟大成就，展示令人服膺的真实事实。学习和了解中国共产党的历史，首先要明确一个最根本的问题，中国共产党是什么、要干什么。中国为什么会发生这么大的沧桑巨变？历史的秘密是什么？答案在哪里？要了解这一切，就必须学习和了解中国共产党的历史，弄清楚、搞明白今天在中国执政的中国共产党与中华民族、中国人民是什么关系，这些关系在历史上是如何发生的、如何形成的，近代中国为什么会产生中国共产党，中国共产党是一个什么性质的党，历史和人民为什么选择了中国共产党，中国共产党成立以来做了哪些大事，是如何影响中国发展前途和历史进程的，等等。

《中国共产党的一百年》坚持守正创新，坚持用史料说话，让历史给予叙说，让史实作出回答。全书紧紧围绕中国共产党为中国人民谋幸福、为中华民族谋复兴的初心使命，围绕100年来中国共产党推进伟大社会革命和伟大自我革命取得的巨大成就，特别是党的十八大以来在以习近平同志为核心的党中央坚强领导下，党和国家事业发展取得的历史性成就、发生的历史性变革，全面反映中国共产党百年来走过的壮阔历程、开辟的伟大道路、建立的伟大功业，充分记述和反映中国共产党和中国人民经过百年奋斗，书写了中华民族几千年历史上最恢宏的史诗，让中国共产党的历史成为真实记录中国共产党和中国人民不懈奋斗历程的生动影像和活的记忆。中国共产党的百年历程和中华民族迎来从站起来、富起来到强起来的伟大飞跃，就是最有说服力的答案。

第二，这部书展现中国共产党的伟大精神和品格情操，展示动人心魄的情怀。精神所在，就是力量所在。世界上没有哪个政党像中国共产党这样，遭遇过如此多的艰难险阻，经历过如此多的生死考验，付出过如此多的惨烈牺牲。在应对各种困难挑战中，中国共产党锤炼了不畏强敌、不惧风险、敢于斗争、勇于胜利的风骨和品质。这是中国共产党最鲜明的精神特质。学习和了解中国共产党的历史，既要领悟中国共产党成功的历史原因，也要领悟中国共产党成功的“精神密码”。

《中国共产党的一百年》注重从精神品格的角度挖掘中国共产党历史上的重大事件、重要实践、重要会议、典型人物所蕴含的精神力量，用一系列可歌可泣、感人肺腑的伟大精神和伟大事迹，紧紧围绕以伟大建党精神为源头的中国共产党人精神谱系，寓精神于史实、以史实见精神，真实记录了中国共产党百年来构筑中国共产党人精神谱系的历史进程，生动展现了中国共产党百年奋斗所蕴含的红色基因，深刻揭示了百年大党风华正茂的精神密码。透过这种全景式的、大跨度的事迹与精神的“双重叙事”，中国共产党的百年历史彰显得更加完整、更为清晰，读后也更能感悟到正是有一大批革命烈士视死如归、一大批英雄人物顽强奋斗、一大批先进模范忘我奉献，中国共产党才能始终保持旺盛生机、才能始终拥有奋发前行的不竭动力。

第三，这部书揭示中国共产党过去为什么能够成功、未来怎样才能继续成功的深刻道理，给人以深刻的历史启迪。习近平总书记指出：历史、现实、未来是相通的。历史是过去的现实，现实是未来的历史。通过学习和了解中国共产党的历史而明晓道理、消除误解、得到启示，是正史著作应该发挥的功用。从中国共产党的辉煌成就、艰辛历程、历史经验、优良传统中，不仅能够深刻领悟中国共产党为什么能、马克思主义为什么行、中国特色社会主义为什么好等道理，弄清楚其中的历史逻辑、理论逻辑、实践逻辑，而且可以引导外界形成正确的中共观、中国观，有效破解外界特别是一些西方国家对我们的固有偏见和对中国共产党的歪曲误解，推动中国共产党的形象由“他塑”为主向“自塑”为主转变。

《中国共产党的一百年》围绕中国共产党百年来领导人民进行伟大奋斗的历史进程，在百年“工笔画”的基础上绘就“大写意”，提炼中国共产党在进取中突破、于挫折中奋起、从总结中提高，由此积累的宝贵历史经验，揭示了中国共产党和中国人民事业不断成功的根本保证，揭示了中国共产党始终立于不败之地的力量源泉，揭示了中国共产党始终掌握历史主动的根本原因，揭示了中国共产党永葆先进性和纯洁性、始终走在时代前列的根本途径，从而全面系统揭示了中国共产党过去为什么能够成功、未来怎样才能继续成功的密码。如此历史与逻辑相统一的笔法，读后自然使人知其言更知其义、知其然更知其所以然。

如何运用《中国共产党的一百年》讲好中国共产党的故事

历史是由时间、地点、人物、事件等要素构成的，不是“冷冰冰的数字”，而是一幕幕“活剧”。运用正史讲好中国共产党的故事，关键是在用事实说服人、用情怀感染人、用道理影响人的基础上，塑造可信、可爱、可敬的中国共产党形象、中国共产党人的形象，努力用历史“活剧”展现出的生动形象打动人。

党员形象是党的形象的基础。要运用好这部书所记述的鲜活生动的共产党人的故事，讲清楚中国共产党全心全意为人民服务的根本宗旨，阐明共产党人是普通中国人中的先进分子，为人民利益牺牲奉献；讲清楚中国共产党与中国人民的血肉联系，阐明中国共产党来自人民、植根人民、服务人民，中国共产党和中国人民一体同心；讲清楚中国共产党的领袖始终把人民放在心上，心系人民、情系人民，受到中国人民衷心信赖和拥戴；讲清楚人民是中国共产党执政的最大底气，中国共产党紧紧依靠人民，充分发挥人民主体作用，具有战胜一切困难的深厚伟力。

内在形象是党的形象的主体。要运用好这部书所展示的事实、情怀、道理，讲清楚中国共产党扎根中国大地，为国家富强、民族振兴、人民幸福矢志奋斗，中国共产党的领导是历史的选择、人民的选择；讲清楚中国共产党有科学理论指导并与时俱进，根据实践发展不断推进理论创新；讲清楚中国共产党坚持政策规划的长远性和连续性，一张蓝图绘到底，为实现奋斗目标始终如一、驰而不息、接续奋斗；讲清楚中国共产党具有坚定理想信念，面对困难、挫折与失败不气馁、不后退，在总结经验教训中一次次奋起；讲清楚中国共产党有严明的组织纪律、严密的组织体系、高效的运行机制，具有强大的领导力、凝聚力、组织力、执行力；讲清楚中国共产党正视问题和错误，有自我纠偏、自我革命的勇气和能力；讲清楚中国共产党从严治党，坚决同一切腐败现象作斗争，始终保持肌体健康；讲清楚中国共产党重视学习、善于学习，依靠学习创造了历史，并依靠学习走向未来。

国际形象是党的形象的延伸。要运用好这部书所呈现的党领导中国人民维护世界和平、促进共同发展的历史征程，讲清楚中国共产党开明开放，始终注重与外界沟通交流，积极吸收借鉴人类文明优秀成果；讲清楚中国共产党是人类发展进步的正义力量；讲清楚中国共产党领导中国全民族抗战，开辟了世界反法西斯战争的东方主战场，中国革命的成功极大促进了人类解放事业；讲清楚中国在实现自身发展的同时，为世界和平作出贡献，为各国共同发展注入动力；讲清楚中国坚定不移走和平发展之路，始终做世界和平的建设者、全球发展的贡献者、国际秩序的维护者；讲清楚中国推动构建人类命运共同体、推动构建新型国际关系，积极参与全球治理，为增进全人类的福祉贡献智慧和力量。

中国历史是中国故事最为雄厚的土壤和底蕴；中国共产党的历史是中国共产党故事最为雄厚的土壤和底蕴。《中国共产党的一百年》英文版为我们讲好中国故事、讲好中国共产党故事、讲好中国共产党历史故事提供了一个新的平台和抓手。它是中国共产党坚定历史自信的对外宣言、是党的历史和理论的对外宣介、是党和人民声音的对外传播。随着这部书在全球范围的出版发行，必将有助于客观真实向世界讲好中国故事、讲好中国共产党故事、讲好我们正在经历的新时代故事，必将有助于引导更多外国读者读懂中国，为促进中国和世界各国交流沟通、推动构建人类命运共同体作出应有的贡献。

漫谈理论学习和党史工作*

——在广东省委党史研究室的讲座

今天，很高兴到广东省委党史研究室与同志们座谈交流。这对我来说也是一次难得的学习机会。我想就理论学习和党史工作谈点认识和体会。启功先生曾写过一副对联："行文简浅显，做事诚平恒。"我简要谈四个问题：一是学习贯彻习近平总书记系列重要讲话对党史工作的特殊重要性；二是理论学习和理论武装的根本在于把握其立场、观点和方法；三是以科学的思想方法认识党史工作；四是做好党史工作应把握好的基本原则和基本要求。

一、学习贯彻习近平总书记系列重要讲话对党史工作的特殊重要性

习近平总书记系列重要讲话，是新一届中央领导集体执政理念、工作思路和信念意志的集中反映，是中国特色社会主义理论体

---

* 原载《红广角》2015 年第 7、8 期。

系的最新成果，是指导我们实现“两个一百年”奋斗目标、实现中华民族伟大复兴中国梦的强大思想武器。学习贯彻习近平总书记系列重要讲话的重要性，大家都已经很清楚了。在这里，我想着重谈一谈学习贯彻习近平总书记系列重要讲话对党史部门具有的特殊重要意义。

在今年全国党史研究室主任会议上，栗战书同志代表党中央作了十分重要的讲话。他说：“深入学习贯彻系列重要讲话精神，对做好新形势下党史工作具有更为特殊、更为重要的意义。”对党史部门和党史工作者说，“它既是政治学习，也是业务学习；既是党史研究的指导思想，也是党史研究的重点内容；既是历史材料积累过程，也是党史专题研究过程。”这几句话，将党史部门、党史工作者学习贯彻习近平总书记系列重要讲话的特殊重要性讲明了、讲透了。

学习理论有什么用？为什么研究党史要学习理论、强调用科学理论武装头脑呢？清朝一位著名学者曾说：“先读经后读史，则论事不谬于圣贤；既读史复读经，则观书不徒为章句。”意思是先读经书，再读史籍，以经论史，评论古人史事，就不会与圣贤相悖；研读史籍，再温经书，以史解经，才能加深对经的理解，就不会仅限于章句字面的含义。这实际上强调的是理论经典对史学研究的重要指导意义，有利于帮助我们把握事物发展的本质和规律。

中国史学对传承文明起了重要作用，作出了较大贡献。中国是一个有着 5000 多年文明历史的国家。在世界四大文明中，古埃及、古巴比伦、古印度三个文明都中断了，只有中华文明一脉相承、从未中断地传承到今天。中国史学卷帙浩繁，所谓正史《二十四史》

就有 3249 卷、4000 多万字，野史更不计其数。这在世界上没有一个国家能与之相比。中国史学著作的体例最早是编年体，孔子作《春秋》就是这种体例。司马迁在《史记》中创立了一种新的体例——纪传体。南宋人袁枢撰写《通鉴纪事本末》，使用了纪事本末体。中国史学自有文字记载以来，留下的大量史书主要是这三大体例。

到了近代，西学东渐，西方一些研究史学的理论方法传入中国，出现了新史学。梁启超等人借用西方的理论方法研究中国历史，提出了“鸟瞰式”或“飞机式”的读史方法。他强调研究中国历史不能只为帝王将相作家谱，这是看不清历史规律走向的。看历史就“好像乘飞机飞空腾跃，在半天中俯视一切，看物摄影，都极其清楚”，也就是说看历史要有宏观感，这实际上接近于后来讲的要全面、历史地看问题的方法。

马克思主义传入中国以后，给我们提供了科学的世界观、方法论，提供了一个锐利的思想武器观察世界、观察历史。以马克思主义为指导研究历史，李大钊、蔡和森、瞿秋白、李达等人写出了早期的马克思主义史学著作，形成马克思主义史学研究的第一个高潮。中国抗日战争爆发后，范文澜、翦伯赞、吕振羽等一批史学家写出一批马克思主义史学著作，形成马克思主义史学研究的第二个高潮。范文澜写出《中国通史简编》后，毛泽东非常高兴，说:“我们党在延安又做了一件大事……我们共产党人对自己国家几千年的历史有了发言权，也拿出了科学的著作了。”

把马克思主义作为指导思想，就是给研究者一个望远镜、显微镜、解剖刀。没有这个理论武器，只能看到现象而不知道本质。新中国成立后，在历史研究方法上有过一个争论：研究历史应该用什么方法，到底是论从史出还是以论带史。这两种不同观点争论得很激烈。我认为两者不可以偏废。毛泽东同志说，中国历史上有两部大书，一部是《史记》，一部是《资政通鉴》。《史记》的特点之一是，写完一个人物后对其进行点评，常见的形式是“太史公曰”。《资政通鉴》在叙事之后，大都附有“臣光曰”，评其得失，以为鉴戒。撰写党史著作，不能只是堆砌史料，需要从史料中得出结论。这就是以论带史，史论结合，论从史出。这样的史书才能吸引人，才能使人得到启发、受到教益。

我们强调用科学理论武装头脑，强调学习贯彻习近平总书记系列重要讲话，是因为这是党史工作者做人的主心骨、做事的看家本领。毛泽东指出：“主义譬如一面旗帜，旗帜立起来了，大家才有所指望，才知所趋赴。”我们党成立后，坚持把马克思主义与中国具体实际相结合，不断推进理论创新，先后形成了毛泽东思想、邓小平理论、“三个代表”重要思想、科学发展观。不断推进理论创新，这是我们党的优势和特点。我们党就是靠科学理论把 8700 万党员、13 亿人民凝聚起来。

栗战书同志在今年全国党史研究室主任会议上的讲话，既指出习近平总书记系列重要讲话是党史工作的指导思想，也提出这是党史研究的重点内容。他要求，要深入学习贯彻习近平总书记关于党的历史和党史工作地位作用的重要论述，充分认识做好新形势下党史工作的重要意义；深入学习贯彻习近平总书记关于“党史姓党”的重要论述，牢牢把握党史工作的正确方向；深入学习贯彻习近平总书记关于“党史研究是党史工作中心”的重要论述，统筹推进党史工作全面发展；深入学习贯彻习近平总书记关于树立科学历史观的重要论述，掌握做好党史工作的看家本领；深入学习贯彻习近平总书记关于切实加强对党史工作领导的重要论述，扎实推进党史工作。这为我们深入学习贯彻习近平总书记关于党的历史和党史工作重要论述，提供了一个完整、系统、科学的框架。

栗战书同志在讲话中提出，党史部门和党史工作者要把习近平总书记关于党的历史和党史工作的重要论述学深、学透，进一步做好党史工作。强调党史研究要坚持“一突出”“两跟进”的任务和要求，即进一步突出开创和发展中国特色社会主义时间段历史研究，即时跟进十八大以来党中央的决策部署，即时跟进以习近平同志为核心的党中央的理论发展。这为我们做好党史工作指明了目标方向。

总之，对党史工作、党史工作者来说，习近平总书记系列重要讲话，既是做好党史工作的理论基础，也是党史研究的重要内容。我们要从统一全党思想、意志和行动的高度，从保持党的先进性和纯洁性、提高党的执政能力和执政水平的高度，从把握前进方向、推动党史工作更好地发挥以史鉴今、资政育人重要作用的高度，认真学习贯彻习近平总书记系列重要讲话，学习领会习近平总书记关于党的历史和党史工作的重要论述。

二、理论学习和理论武装的根本在于把握其立场、观点、方法

理论学习和理论武装包括两个层面，第一个层面是学习、掌握

理论的基本概念、基本原理、基本论断，这个要求适用于党员干部群众。第二个层面是把握理论的立场、观点、方法，特别是要弄清理论的出发点是什么，它是如何思考的，怎样得出结论的。这个要求，对领导干部尤为重要，如果不会运用理论指导实践，理论就不能发挥作用。对于我们党史工作者，如果理论学习和理论武装不能上升到第二个层面，党史研究成果就只是叙述历史现象，搞不清楚背后的原因，无法说服人。领导干部和党史工作者不仅要学习、掌握理论内容，更要理解、把握其立场、观点和方法。我们可以从佛教中土化的历史过程和马克思主义中国化的历史过程中窥见一斑。

我们先看看佛教中土化的历史过程。公元前 6 世纪佛教在古印度创立，500 年后也就是在汉朝时传入我国，大约 1000 年后也就是在隋唐时，佛教适应我国的文化习俗，演变为以禅宗为代表的中土化佛教，形成中华文化儒、释、道并存的格局。佛教中土化的过程很漫长，这段历史给我们很多启示。佛教传到我国后形成了很多教派，最有代表性的是禅宗和净土宗。禅宗是最具中土化的典型代表。禅宗发展的重大转折是慧能大师推动的。慧能大师的文化程度不高，但是悟性很好。一次，禅宗大师神秀写了一个偈子：“身是菩提树，心如明镜台，时时勤拂拭，勿使惹尘埃。”慧能对答说：“菩提本无树，明镜亦非台，本来无一物，何处惹尘埃。”后来，慧能大师得到禅宗五祖弘忍的衣钵，开创顿悟法门，将禅宗发扬光大。

再看看马克思主义中国化的历史过程。19 世纪 40 年代，马克思主义诞生于德国。19 世纪末 20 世纪初，开始传入我国。俄国十月革命后，马克思主义在我国迅速传播，并为我们党的诞生奠定了思想基础。1921 年，党的一大纲领把马克思列宁主义确立为党的指导思想。马克思列宁主义“提供的不是现成的教义”，而是指导人们“改造世界”的立场、观点和方法。1938 年，毛泽东在《论新阶段》中提出了“马克思主义中国化”的命题。1945 年，党的七大把马克思主义中国化的成果毛泽东思想确立为党的指导思想。之后，马克思主义普遍原理与中国实践相结合，又产生了包括邓小平理论、“三个代表”重要思想和科学发展观在内的中国特色社会主义理论体系。在科学理论指导下，我们党从中国实际出发，团结带领人民，从一个胜利走向另一个胜利。

透过上面两个事例，我们看到，理论学习和理论武装的关键在于把握、运用理论蕴含的立场、观点、方法观察问题、分析问题、解决问题，不断推动理论创新和实践创新。在这方面，习近平总书记为我们作出了表率。他坚持运用马克思主义的世界观和方法论，提出了“四个全面”的战略思想和战略布局。这段时间，我一直关注“四个全面”，发表了几篇解读、研究文章。“四个全面”提出后，学术界、理论界、新闻界评论如潮，但有些解读不很全面。习近平总书记是经过基层历练走上党和国家领导岗位的，他爱学习、爱思考，讲话个性鲜明，其思想源头在基层工作时的讲话中都能找到。他对马克思列宁主义、毛泽东思想和中国特色社会主义理论体系活学活用，更多的是把握立场、观点、方法。他认为，抓改革、搞建设都要抓住主要矛盾和矛盾的主要方面。“四个全面”是当前和今后一个时期我国的主要矛盾和矛盾的主要方面。我们必须吃透“四个全面”的内涵，把握“四个全面”的精髓，在中国特色社会主义伟大实践中，协调推进“四个全面”。

习近平总书记系列重要讲话，内容丰富、思想深刻，蕴含着科学的历史观和方法论，贯穿着马克思主义的立场、观点、方法。这是讲话能够直抵人的心扉、说服人的一个重要原因。学习贯彻习近平总书记系列重要讲话，一定要抓住讲话的精髓，把握其立场、观点、方法，把握讲话蕴含的科学历史观和方法论。习近平总书记的科学历史观和方法论，主要回答了三方面的问题，一是回答了应以什么样的态度学习历史和对待历史的问题，二是回答了应该以什么样的方法观察历史和研究历史的问题，三是回答了应该以什么样的目的应用历史和把握历史的问题。抓住习近平总书记科学历史观、方法论的特质，有助于我们深入学习和把握习近平总书记系列重要讲话的精神实质和精髓要义。

习近平总书记在系列重要讲话中，每当阐述重大问题时，经常从历史讲起。这是他的科学历史观、方法论在实践中的运用，是他运用历史分析方法分析实际问题、解决现实问题。讲历史的好处，使我们想到毛泽东同志学习历史的一些心得体会。毛泽东同志曾经说过这样几个观点：一是马克思主义者是重视历史的；二是读史是智慧的事；三是讲历史才能说服人；四是看历史就能看清前途。我们党史工作者一定要有历史的眼光，一定要掌握科学历史观和方法论，一定要学会历史分析方法，这样才能揭示历史的本质，才能预见未来的发展。

我有一个很深的体会。我们讲党的历史，如果仅仅停留在一些判断、结论上，重复多了就变成了大道理，就听不进去了。比如说“没有共产党就没有新中国”“只有社会主义才能救中国”“只有中国特色社会主义才能发展中国”这样的大道理，如果不与中国历史结合，不和近现代中国 170 多年历史联系，不讲中国共产党 90

多年历史，大家是很难听进去的。只有把近现代中国 170 多年的历史、党的 90 多年历史是怎么走过来的讲清楚，把马克思主义是怎样传入中国、中国共产党是怎么诞生的讲清楚，才能吸引人说服人，大家才能明白，才会心服口服。

习近平总书记系列重要讲话有很多新思想新观点，体现了他的科学历史观、方法论，体现了历史分析的方法。2013 年 12 月，习近平总书记在毛泽东同志诞辰 120 周年座谈会的讲话中指出，我们党 90 多年的革命、建设、改革伟大实践是一个接续奋斗的历史过程，并用“救国、兴国、强国”六个字概括了我们党所进行的“完整事业”。多年来，我们一直把党 90 多年所做的事情概括为三件大事，将党的历史划分为三个 30 年。第一个 30 年实际上是 28 年，我们称为党在新民主主义革命时期的历史。第二个 30 年称为党在社会主义革命和建设时期的历史，实际上是 29 年，有的说是 27 年，主要是分期不太一致。中央党史研究室编写的《中国共产党历史》第二卷是 29 年，当代中国研究所编写的《中华人民共和国史稿》是 27 年。第三个 30 年称为党在改革开放和社会主义现代化建设新时期的历史，已经 37 年，还在延续。历史是怎么分期的呢？国防大学金一南教授在所著《苦难辉煌》一书中说：“量变堆积历史，质变分割历史”。对这句话我非常认同。历史分期一定要找到一个重大历史节点，发生了质变，分割了历史，这样才能划阶段。党的十一届三中全会开始之前是中央工作会议，开了 36 天，十一届三中全会又延续了 5 天，成为我们党在新中国成立以来历史上具有深远意义的伟大转折。

习近平总书记在讲到对毛泽东的评价问题时，指出“对历史人物的评价，应该放在其所处时代和社会的历史条件下去分析，不能离开对历史条件、历史过程的全面认识和对历史规律的科学把握，不能忽略历史必然性和历史偶然性的关系”。“革命领袖是人不是神。”“不能因为他们有失误和错误就全盘否定，抹杀他们的历史功绩，陷入虚无主义的泥潭。”怎样评价毛泽东同志的历史功过？邓小平同志在开始起草《关于建国以来党的若干历史问题的决议》时，就提出要“确立毛泽东同志的历史地位，坚持和发展毛泽东思想”。对于把毛泽东同志和毛泽东思想放在什么样的历史位置，陈云同志想出一个好办法。他认为，新中国成立以来这段时间党的挫折多、毛泽东同志失误多，应该在历史决议前面再加上一节，专门讲我们党民主革命 28 年奋斗的历史，这样全党全国人民就清楚毛泽东思想在我们党寻找革命道路、建立新中国时所起的作用。现在，回过头看，如果把毛泽东思想否定了，把毛泽东同志否定了，那么中国是一个什么样的结局呢？我们可以看一下苏共二十大全盘否定斯大林的严重后果。所以说，《关于建国以来党的若干历史问题的决议》对毛泽东思想、毛泽东同志作出科学评价太重要了。当时如果不给一个客观评价，不做一个正确结论，全党就不可能团结一致，改革开放也就不能顺利进行。

习近平总书记在讲到我们党对自己所犯错误的态度时指出，“一个马克思主义政党对自己的错误所抱的态度，是衡量这个党是否真正履行对人民群众所负责任的一个最重要最可靠的尺度”。回顾我们党的历史，对党所犯的错误怎么看？关键要看我们党对错误采取了什么态度，是凭自己的力量纠正的，还是依靠别人纠正的。如果依靠别人来纠正，党就没有生命力了。事实是，我们党恰恰在遭受严重挫折后，在人民群众的支持下，纠正了错误并再度奋起。新民主主义革命时期，我们党在第五次反“围剿”失败后，被迫进行长征，几乎陷于绝境。1935 年 1 月，在贵州遵义召开的政治局扩大会议，是党的历史上生死攸关的转折点，挽救了红军，挽救了党，挽救了中国革命。当时，毛泽东同志很讲究方式方法，没有在这次会议上解决思想路线、政治路线问题，并把张闻天同志推到总负责人的位置上，从而避免了党的分裂。有材料显示，张闻天同志在延安整风时说，如果毛泽东同志在遵义会议就提出要解决思想路线、政治路线问题，说当时的临时中央执行的路线是错的，我和毛泽东同志的合作就成为不可能。这就是毛泽东同志的政治智慧。我们党到延安以后，情况发生了变化，有了一个战争的大后方，这样才通过延安整风运动，解决了一直没有解决的思想路线、政治路线问题。毛泽东主持编辑了《六大以来》一书，不久又编辑了《六大以前》一书，并在这两本书的基础上，选编了一本专题学习材料《两条路线》。延安整风运动使我们党从政治上和思想上彻底清除了“左”倾教条主义的束缚，增强了党的团结和凝聚力，党的六届七中全会作出《关于若干历史问题的决议》，七大确立毛泽东思想在全党的指导地位，为我们党夺取抗日战争的最后胜利和民主革命在全国的胜利提供了思想和组织保证。

中共党史研究是一门研究中国共产党的历史、从中国共产党的活动中揭示当代中国社会运动规律的科学。党史工作的根本任务是以史鉴今、资政育人，是为了向前看。但为了向前看，必须先向后看。党史研究必须放在历史长河中、置于当时的历史条件下。学习贯彻习近平总书记系列重要讲话，一定要在学习科学历史观和方法论上下工夫。如果不在这方面下工夫，如果没有理论功底，我们要做好党史工作，写出高质量、高水平的党史著作，是不可能的。在这方面，我们一定要向理论大家、党史大家学习。

胡绳同志是我们学习的楷模。胡绳同志主编的《中国共产党的七十年》，距今已经20多年了。这本书出版于1991年，当时东欧剧变、苏联解体，我们国内刚刚发生严重的政治风波，很多人对社会主义红旗还能不能在中国飘扬下去、中国共产党还能不能在中国执政，提出怀疑、产生动摇。于是中央要求写出一个好的党史本子供全党学习，了解我们党是怎么走过来的，我们党遇到过什么挫折困难，是怎样解决的。1991年，《中国共产党的七十年》出版。这本书的结束语是胡绳同志写的，每每读后，我总是感慨万千。他非常有历史眼光，对我们党走过的曲折道路的认识评价很经典。胡乔木同志专门为《中国共产党的七十年》写了题记。他评价该书“既实事求是地讲出历史的本然，又实事求是地讲出历史的所以然，夹叙夹议，有质有文，陈言大去，新意迭见，很少沉闷之感”。

三、以科学的思想方法认识党史工作

我们党史工作者学习贯彻习近平总书记系列重要讲话，有着特殊重要的意义。一定要把学习贯彻习近平总书记系列重要讲话作为一项长期的政治任务，当作一项重要的党史工作，采取有力措施推动学习贯彻向广度深度拓展，更好地用讲话武装头脑、推动工作。以习近平总书记系列重要讲话指导党史工作，我认为要抓住三点，一是抓住全局和系统的观点，可以概括为系统论，二是抓住两点论，三是抓住重点论。

（一）系统论

习近平总书记系列重要讲话，一个鲜明的特点就是具有深邃的历史眼光和宽广的时代视野，总是把问题放在过去、现在和未来的交汇中，放在国际和国内两个大背景中，放在世界发展变化和相互联系的大环境中，系统地分析、把握、谋划和组织。党史工作者学习贯彻习近平总书记系列重要讲话，就是要学习运用习近平总书记善于进行系统思维的思想方法和工作方法，进一步明确党史工作在全党工作中的定位，进一步把握党史工作作为一个系统的整体性和党史各项工作之间的关联性、协同性、动态平衡性，更好地推动党史工作全面发展。

根据中共中央《关于加强和改进新形势下党史工作的意见》、全国党史工作会议精神、中央领导同志关于党史工作的指示精神以及中央批准的党史部门的“三定方案”，党史部门具有两大职能、六大任务和十个方面的业务工作。两大职能是：既是党史研究部门，又是各级党委主管党史业务的工作部门。搞好党史工作要把握单位性质是什么，作为研究部门，我们和社会科学院是相同的，作为工作部门，我们和党委部门是相同的。党校也有研究、行政管理工作，但第一任务是教学，科研是为教学服务的。我们两大职能，摆在第一位的基础是什么？我提出：中央党史研究室要以党史研究为本，没有研究这一条，党史部门和其他党委部门比如宣传部、组织部有什么区别？我以为，行政职能、工作职能是建立在党史研究基础上的。党史部门的职能特点要求我们党史工作者既要是一名专家又要是一名干部。作为研究机构，要研究一些问题，要有一些学术观点，要有学术研究成果、见识；作为工作部门，要具备领导、协调和组织能力。我们这个部门已经成立 30 多年了，埋头苦干，出了一大批成果，这是我们的优势强项。但是从工作部门看，行政职能还做得不够。

《关于加强和改进新形势下党史工作的意见》明确了党史部门的六大任务和十个方面的业务工作。这六大任务是：党史研究、党史学习教育、党史宣传、党史纪念活动、党史资料征编、党史遗址保护和纪念场馆建设。十个方面的业务工作，除六大任务规定以外，还包括党史咨询、红色旅游、党史题材作品编写出版审读、党史业务指导。从党史部门内设机构说，有研究、科研管理、党务、行政管理、后勤服务等部门。所有这些工作内容和机构组成了党史部门的完整系统。学习运用习近平总书记系统思维的思想方法和工作方法，就要从整体上认识和把握这些内容和层级，在谋划、部署、推进工作时注重和善于从党史工作的全局和整个系统出发，看各项工作举措是否符合党史工作整体需要，是否有利于党史工作的长远发展。

在党史工作这个大系统内，作为局部的业务工作和机关党建、行政、后勤等工作，又各自相对独立地构成一个个小系统。同样，中央党史研究室的工作是一个系统，各省级、副省级、地市级、县级党史部门的工作各自也是一个系统，而且全国和地方中共党史学会、中共党史人物研究会的工作也是一个系统。学习运用系统思维的思想方法和工作方法，就要充分地认识和准确地把握这些局部、小系统所具有的特点、功能和作用，努力做好每个方面和每个层级的工作。

放眼党和国家工作大局，党史工作也是党和国家工作大局、大系统中的一个局部、一个小系统，离开了这个大局、大系统，党史工作也就失去了立足之地。学习运用系统思维的思想方法和工作方法，就是要切实增强在大局下行动的自觉性，善于立足一域谋全局，把握形势谋大事，始终把全局作为观察和处理问题的出发点和落脚点，以全局利益为最高价值追求，主动把党史工作放到党和国家工作大局中去思考、把握，定准坐标、找对座次，发挥应有作用。

（二）两点论

习近平总书记系列重要讲话，一贯强调想问题、作决策、办事情不能非此即彼，要有辩证思维，要讲两点论，要找平衡点。党史工作者学习贯彻习近平总书记系列重要讲话，就是要学习领会习近平总书记坚持两点论的思想方法和工作方法，全面把握各项党史工作之间的辩证关系，做到统筹兼顾，更好地推动党史工作协调发展。就像人走路一样，只有迈开双腿，甩开双臂，才能走得快、走得稳、走得远。

在推进党史工作中要把握和处理好哪些重要关系呢？我认为，首先要从党史部门的职能定位把握和处理好履行研究部门职能与履行工作部门职能的关系。履行研究部门的职能，要求我们把握和遵循人文社会科学学术研究的特点和规律，按照学术研究的工作方法推进党史研究工作，需要我们静下来、坐得住；履行工作部门的职能，则要求我们按照党委工作部门工作的特点和规律，应用工作部门的工作方法开展工作，需要我们动起来、走出去。这就要求把握好两者之间的辩证关系，坚持两手抓、两手都抓好，全面履行党史部门的职能。

由党史部门的两大职能产生了我们面临的一系列矛盾关系。从党史部门的业务工作看，要把握和处理好主要业务工作与延伸业务工作的关系。认真分析党史部门的十个方面的业务工作，可以分为主要业务工作和延伸业务工作两个部分。党史研究、党史学习教育、党史宣传、党史纪念活动、党史资料征编、党史咨询、党史业务指导等工作，对于夯实党史工作的基础，存史写史、以史鉴今、资政育人具有重要作用，是党史工作的核心和主干。党史遗址保护和纪念场馆建设、红色旅游、党史题材作品审读等工作，都是建立在主要业务工作的基础上，是这些工作的延伸和应用。我们把握和处理两者之间的关系，既要牢牢抓住主要业务工作，多做打基础、利长远的事，为党史工作全面发展发挥牵引和推动作用；又要重视延伸业务工作，加大党史研究成果转化利用，提升党史工作的社会影响力，更好地实现党史工作价值。

从党史部门的主要业务看，要把握和处理好深化党史研究与开展党史宣传教育的关系。党史研究是党史部门的立室之本。没有深入的党史研究，就难以完成记载和反映党的历史的任务，难以完成党中央交办的党史方面的工作，学术界也就没有声音和地位，这样党史部门就很难立得住。开展党史宣传教育，是党中央和各级党委赋予党史部门的重要职责，离开了党史宣传教育，党史研究成果的转化利用、资政育人作用的发挥就会大受影响。这就要求我们既要看到党史研究是开展党史宣传教育的前提和基础，又要看到党史宣传教育对党史研究的促进作用。

从党史研究对象和范围看，要把握和处理好继续深化新民主主义革命时期、社会主义革命和建设时期党史研究与开展改革开放新时期党史研究之间，深化党的不懈奋斗史研究与开展党的理论探索史、党的自身建设史研究之间的关系。经过几十年来的努力，我们收集整理了新民主主义革命时期、社会主义革命和建设时期的大量党史资料，编撰出版了一系列重要研究成果。相比较而言，我们对改革开放新时期的党史研究，无论党史资料收集整理的规模和力度，还是研究成果的质量和数量，都比较薄弱。同样，多年来我们对党的不懈奋斗史的研究投入比较多的精力，对党的理论探索史、党的自身建设史即党史的专门史研究，既有重视不够的问题，也有研究成果的质量、数量不够的问题。以党的历史的全过程和全领域为研究对象，就要把握好三个历史时期研究之间、“三史”研究之间的相互关系，加强总体规划，把握主攻方向，合理匹配力量，推动党史研究工作不断向深入发展。

推进党史工作发展是一个长期的、动态的过程，要把握好当前发展和长远发展、阶段性目标和可持续发展的关系，既要立足当前，又要着眼长远，做到兼顾各方、综合平衡。这要求我们必须辩证地认识和把握好党史工作中存在一系列的矛盾关系，讲求辩证法，坚持两点论。

（三）重点论

习近平总书记在坚持两点论、一分为二地看待问题的同时，善于把握矛盾的不平衡性，善于抓住事关全局的重点工作和关键环节，着力解决事关全局的突出问题，以点带面，推动全局。党史工作者学习贯彻习近平总书记系列重要讲话，就是要学习领会他善于抓住重点、纲举目张的思想方法和工作方法，紧紧抓住党史工作中具有根本性、长期性、基础性的工作，着力在党史的重点工作上取得新突破，推进党史工作不断向前发展。

党史工作中哪些是具有根本性、长期性、基础性的工作呢？我认为主要有三项：一是党史研究，这是中心任务；二是党史人才队伍建设，没有人才出不了成果；三是党史资料征编，“巧妇难为无米之炊”。

党史研究是党史部门的立室之本，是科研人员的立身之本。多年来，各级党史部门坚持把党史研究放在重要位置来抓，取得了显著成绩。但也要看到，当前党史研究成果的精品力作还不够多；党史教材、党史读物以及其他作品的质量和数量，与我们党的伟大历史、辉煌成就还不够相称；在提升党史研究成果的说服力、吸引力和感染力方面，还需要进一步努力。这就需要我们按照重点论的要求，继续把深化党史研究作为党史工作的中心任务、第一位任务，把出成果出优秀成果作为硬道理，在深化党史研究上下工夫，不断推出能产生广泛影响的拳头产品。

深化党史研究靠谁来做？关键在人，关键在党史人才队伍建设。对这个问题，各级党史部门高度重视，探索积累了不少好做法、好经验。但是，当前党史工作队伍领军人物还不够多，党史研究的大家、名家还比较少，人才结构和知识结构不尽合理的问题还十分突出，优秀党史工作人才特别是年轻人才培养力度还有待加强。“十年树木，百年树人。”党史人才队伍建设是一项长期的任务，需要我们作为全部工作的重点，始终牢牢抓在手上，坚持不懈为之努力。

与深化党史研究密切相关的另一个重点是党史资料征编工作。做好党史资料征集整理和保护利用工作，是党史研究的基础和前提，是党史研究的必要准备。经过多年的努力，我们在党史资料征编方面已经取得丰硕成果，但要清醒地看到，党史资料征编工作与深化党史研究的形势相比，与实现党史研究重点转移的要求相比，还有很大差距。当前，这个问题在一定程度上成为深化党史研究的瓶颈。因此，进一步创新党史资料征编工作的方式方法，加大征编力度，夯实党史研究的资料基础，是我们必须牢牢抓在手上的又一个重点。

以上三个重点，从原则上、大的方面来说是这样。但在不同时期、不同部门、不同地方，其侧重点又会有所不同。党史研究这个重点，党史基本著作第一卷编写完成之后，编写第二卷就成为重点；第二卷编写完成之后，编写第三卷就成为重点。当前，随着党史基本著作第一卷、第二卷的编撰出版，编写第三卷的任务已突出地摆在我们面前。这就要求我们把重点转移到改革开放新时期的党史研究上来，进一步突出开创和发展中国特色社会主义时间段历史的研究。第二卷甚至第一卷还没有编写完成的地方更要自加压力，集中力量、集中时间，抓紧编写完成，迎头赶上。

党史人才队伍建设这个重点，在不同部门、不同地方、不同时期也是不一样的。据我了解，现在人才断档问题，有的地方暂时不存在或不突出，有的地方则是比较突出。就中央党史研究室来说，再过三年，现在的业务骨干、局级干部大部分到了退休年龄，而青年同志在独当一面承担重大科研任务方面还需要很长时间的历练，青黄不接的问题已经显现。因此，人才队伍的现状，提出了必须加强青年科研人员培养的任务和要求。

随着党史研究重点转移到改革开放新时期，党史资料征编工作重点也要相应地转移到这个时期上来，尤其要趁着亲身走过这段历史的老同志还健在、高层领导还健在，加快征集整理老同志口述史料和回忆录就显得十分紧迫。像前几年，我们曾就广东改革开放早期的历史采访过王全国同志，现在他已去世了。党史遗迹遗址和党史文物也有一个抢救问题。党史遗迹遗址和党史文物具有不可再生性，一旦破坏就将永远失去。这就迫切需要我们深入调查研究，摸清底数，为抢救性修复和保护利用提供指导和服务。

当然，我们强调的重点，是两点论中的重点，强调这三个重点并不意味着可以忽视其他党史工作。我们一定要坚持一切从实际出发，因地制宜，因时制宜，合理确定，科学筹划，并根据形势任务的变化不断进行调整。

四、做好党史工作应该把握好的基本原则和基本要求

经过多年的实践和探索，党史工作已经形成了一套比较完整的工作总体思路。这就是：必须始终坚持以科学理论为指导，必须始终以“围绕中心、服务大局”为方向，必须始终以“以史鉴今、资政育人”为根本任务，必须始终“以深化党史研究为第一位任务”，必须始终以提高党史工作科学化水平为目标，必须始终以加强党史工作队伍为保证。当前和今后一个时期，全国党史工作的任务，就

是发扬钉钉子精神，“一张蓝图绘到底”。按照这一总体思路和总体部署，不折腾、不倒退、不反复，狠抓落实。

1939 年 7 月，陕北公学和抗大的一些学员要到前线去，毛泽东到延安桥儿沟作报告为大家送行。他说，你们到前线去，我来送行。姜太公下山时，元始天尊送给他三样法宝，一样是杏黄旗，一样是打神鞭，另一样是四不像的坐骑。你们要到前线去了，我也送你们三件法宝：统一战线、武装斗争、党的建设，有了这三件法宝，你们就可以战胜敌人，取得中国革命的胜利。我们党史工作经过多年探索实践，我认为也形成了四个法宝，即党史姓“党”、实事求是、资政育人、脚踏实地。这四个法宝，是我们党史工作者的法宝，是我们做好党史工作应该牢牢把握的基本原则和基本要求。

（一）把握好“党史姓党”的政治方向

党史工作是为党修史立传、续写“红色家谱”的工作。党中央关于党组织和党员干部遵守政治纪律、政治规矩的要求，党史部门的职能定位和党史学科特点的要求，都需要党史工作者坚守好党史工作这块阵地，忠诚于党，忠诚于人民。这是做好党史工作的首要政治原则，是党史工作者的首要政治本色和政治品质，任何时候都不能含糊、不能动摇。坚持“党史姓党”，必须始终高举中国特色社会主义伟大旗帜，以马克思列宁主义、毛泽东思想、中国特色社会主义理论体系为指导，学习贯彻习近平总书记系列重要讲话，坚定对马克思主义的信仰，坚定对中国特色社会主义的信念，补足精神之“钙”，筑牢思想之基，增强坚持“党史姓党”的理性自觉。必须牢牢树立党的意识、执政意识、大局意识、责任意识，树立坚定正确的政治方向，在思想上政治上行动上自觉同以习近平同志为核心的党中央保持高度一致，在大是大非面前头脑清醒、旗帜鲜明，经得起大风大浪考验，决不能在政治方向上出现偏差，在政治定力上出现问题。要坚持党性原则和科学精神的统一，正确处理政治和学术、历史和现实、研究和宣传的关系，严格遵循党的两个历史问题决议精神，严格遵循改革开放以来党的历次全国代表大会、中央全会和中央重要会议精神以及中央领导同志关于党史和党史工作的指示精神，严格遵守党的政治纪律、政治规矩和国家法律法规，提高政治敏锐性和政治鉴别力，做到守土有责、守土负责、守土尽责，敢于担当、能够担当、善于担当，守好“主阵地”，种好“责任田”，坚决抵制和反对歪曲党史、国史和丑化党的领袖人物的错误倾向、错误言行。

（二）坚持好实事求是的基本原则

实事求是是马克思主义的根本观点，是共产党人认识世界、改造世界的根本要求，是全面做好各项党史工作的基本原则，是我们的成果有质量、有价值、有生命力、有影响力的根本所在。对于党史工作而言，坚持这一基本原则的本质要求，就是坚持马克思主义的立场、观点、方法，坚持实践是检验真理的唯一标准，一切从实际出发，尊重历史、尊重科学、尊重规律。为此，必须坚持严谨的科学态度，通过对史实的去粗取精、去伪存真、由此及彼、由表及里的分析和研究，把判断和立论建立在史实真实可靠、研究深入细致的基础之上，使我们拿出的每一份历史资料、每一个研究结论、每一份论证意见都立得住、经得起历史和实践的检验，做到言必有据、言之有物，从而正确认识、全面记载和客观反映党的历史。要在“实事”的基础上“求是”，通过把党史事件和党史人物放在特定的历史条件和历史背景下的考察、分析和研究，切实弄清楚历史发生的原因和变化的条件，弄清偶然性中的历史必然性，弄清楚历史事实之间的内在联系，准确把握党的历史发展的主题和主线、主流和本质，既准确地讲出历史的本然，又客观地讲出历史的所以然，让读者感到可读、可信、可取。要强化问题意识、树立问题导向，充分利用历史发展和社会进步提供的新的认识水平和研究视角、新的研究条件和研究方法，提高发现问题、分析问题、解决问题的能力，不断与时俱进、开拓创新，在深化重要领域研究上取得新突破，在推动重点工作上取得新成就。要清醒认识和正确把握党史工作的实际状况，积极探索、及时总结新形势下党史工作的特点和规律，及时发现和纠正思想认识上的偏差、决策中的失误、工作中的不足，坚决摒弃主观主义、形式主义、官僚主义的不良作风，使党史工作更好地体现时代性、把握规律性、富有创造性。

（三）明确好资政育人的根本任务

党史工作的重要目的在于服务现实。资政育人是党史工作的根本任务，党史工作搞得怎么样，党史研究和党史宣传教育等工作有没有成效或成效之大小，归根到底都要用资政育人的实际效果来衡量、来检验。明确资政育人这一根本任务，要求我们“身在兵位，胸为帅谋”，牢固树立高度自觉的大局意识，做到正确认识大局、自觉服务大局、坚决维护大局。要站在时代高度，用时代的眼光，认清时代的基本特征，了解时代的发展方向，进一步明确工作重点，找准路子，狠抓落实，使党史工作能够顺应时代潮流，使党史成果因时代而生、为时代所用。要对党委政府关注、党员干部群众关心的党史重点热点难点问题进行深入研究，进一步转变观念，加大党史研究成果的转化利用，不断推出权威性的党史著作、高质量的党史咨询报告和富有说服力感染力的党史教材读物，不断提升党史工作的社会影响力和资政育人成效，使党史工作更好地围绕中心、服务大局，发挥对党员干部群众的教育作用、对理论创新的推动作用、对党和国家决策的咨询作用、对经济社会发展的促进作用。

（四）传承好脚踏实地的优良作风

“空谈误国，实干兴邦。”党史工作特别是党史研究工作非常辛苦、清苦，“板凳要坐十年冷”，耐得住寂寞、抗得住诱惑，经过长时间的学习积累，才能出成果。党史工作又是政治性、科学性、理论性、实践性都很强的工作，“党史工作无小事”，来不得半点马虎，需要严谨细致、精益求精、一丝不苟。这就要求我们传承好党史部门长期以来形成的脚踏实地的优良作风，不虚浮、不急躁，求真务实、真抓实干，一步一个脚印地认真做好每一项工作。传承脚踏实地的作风，首先要敬业。只有干一行、爱一行，才能钻一行、成一行；只有把党史工作作为崇高的事业去奋斗、去追求，而不仅仅把它作为一个饭碗和谋生的职业，才能全力以赴地投入和敬业。其次要有一种韧劲。古人云：“骐骥一跃，不能十步；驽马十驾，功在不舍。”只有“咬定青山不放松”，保持不达目的不罢休的决心和心无旁骛、锲而不舍的恒心，才能摒弃急功近利、心浮气躁，始终保持清醒头脑，守得住清贫、耐得住寂寞。第三，要有一种积极向上、求真务实的干劲。只有把心思凝聚在党史事业上，把精力集中到党史研究和著述上，勤于学习、积累和思考，勤于刻苦钻研，“博学而笃志，切问而近思”，把冷板凳坐热，才能在默默无闻之中打牢基础，最终破茧化蝶，到达新的研究高度，拿出精品力作。

总而言之，做好党史工作应该把握好的基本原则和基本要求，概括地说，就是四句话：把住一个方向——“党史姓党”；坚持一个原则——实事求是；明确一个任务——资政育人；传承一个作风——脚踏实地。这四个方面的要求是相互联系、不可分割的统一整体，是做好党史工作的四个法宝，一个也不能少，必须始终不渝地坚持。

学习党史漫谈*

一、对学习党史重要性的几点认识

党的十七届四中全会提出了建设马克思主义学习型政党的战略任务，将党史确定为党员必须学习的主要内容之一。2010 年党中央颁发《关于加强和改进新形势下党史工作的意见》和召开全国党史工作会议，都提出了要在广大党员、干部、群众和青少年中广泛开展党史学习教育的要求。根据中央的这一精神，中组部、中宣部、中央党史研究室等六部门 2011 年联合下发了《关于在党员、干部、群众和青少年中开展中共党史学习教育的通知》。年初，经党中央批准，《中国共产党历史》第二卷出版发行。中组部、中宣部、中央党史研究室也联合下发了学习宣传的通知。7 月 1 日，胡锦涛总书记在庆祝中国共产党成立 90 周年大会上发表了重要讲话，全面回顾和总结了我们党 90 年来团结带领人民走过的光辉历程，这是

---

* 原载《党史博览》2011 年第 9 期。

一篇马克思主义的纲领性文献。通过对以上中央有关会议和文件精神的学习，经过思考，就学习党史的重要性我有两个感受和三点认识。

（一）对中华民族和我们党高度重视自己历史的两个感受

1. 中华民族历来高度重视修史和发挥以史鉴今的作用。学习中国历史，历史上有三件事给我留下深刻印象。第一件事是春秋时期齐国史官秉笔直书的事。当时齐国权臣崔杼杀了齐庄公，伯、仲、叔、季四位史官不畏强暴，秉笔直书，在伯、仲、叔都因此被崔杼杀死的情况下，季仍然照实写下了“崔杼弑其君”，如实记录了这一事件。这件事流芳千古，感动了无数人，历朝历代严谨治史的学者，都对他们十分敬仰，奉为楷模。第二件事是唐太宗以“三镜”防身的事。唐朝吴兢撰写的《贞观政要》是一部记载君臣对话、策论、谏议的史书。该书记载了这样一件事。唐贞观十六年（公元642年），大臣魏征患病，唐太宗派人前去探望，不久魏征去世，唐太宗亲自前去吊唁。吊唁中，唐太宗失声痛哭，说了这样一段话：“以铜为镜可以正衣冠，以古为镜可以知兴替，以人为镜可以明得失。”我每天以三个镜子对照，防止我的过失，今天魏征去世，我失去了一面镜子。魏征是唐太宗的谏议大夫，敢于犯颜直谏，给唐太宗提出了许多好的意见和建议，唐太宗也善于纳谏，防止了自己的许多过失。在这里，唐太宗讲了一个十分重要的中国历史上的思想观点，这就是以史为鉴或以史鉴今。第三件事是司马光编写的史书取名的事。宋神宗时，宰相司马光带领几个助手，耗费了巨大心血，用19年时间编修了一部中国历史上有巨大影响和重要地位的编年体史书，这部书被后人广泛赞誉。当时司马光给这部书要取个什么名字，费了很大周折，斟酌来斟酌去，最后经皇帝同意取名叫《资治通鉴》。为什么取这个名字呢？按照宋神宗的话说，就是为宋朝的封建统治者治国理政服务。中国历朝历代都重视编修史书，仅编修的正史《二十四史》，卷帙浩繁，字数就达 4000 多万字，给后人留下了鉴史的宝贵精神财富。

2. 我们党历来重视历史尤其是党史的学习教育和研究。毛泽东同志是我们全党学习历史和党史的楷模。他酷爱读书，酷爱读史书。他曾经说过这样几句话：我一天可以不吃饭，一天可以不睡觉，但一天不可以不读书。1939 年，他曾说：如果我还能活十年的话，我就要学习九年零三百五十九天。毛泽东同志是这样说的，也是这样做的。他活到老、学到老。毛泽东同志是 1976 年 9 月 9 日零时 10 分逝世的，据医疗组的护理记录记载：毛泽东同志在 9 月 8 日这一天，看书学习 11 次，时间共 2 小时 50 分钟。最长的一次学习时间是 30 多分钟，最短的一次学习时间是几分钟，最后一次学习时间是当天下午 4 时 37 分。毛泽东同志看书和看文件是在上下肢插着静脉输液导管，胸部安有心电监护导线，鼻子里插着鼻饲管，在别人的帮助下进行的。这年他已经是 83 岁的高龄了。毛泽东同志读过《二十四史》，读过《资治通鉴》。《资治通鉴》他读过 17 遍，他每读一遍都要在书的背面记下读完的时间。他曾在 1964 年春天填过一首词，词名叫《贺新郎・读史》。词中讲到，“一篇读罢头飞雪，但记得斑斑点点，几行陈迹……歌未竟，东方白”。毛泽东同志学习历史曾讲过几句内涵十分丰富、思想十分深刻的话。他说：“读史是智慧的事”，“讲历史才能说服人”，“马克思主义者是善于学习历史的”，“看历史就会看到前途”。1942 年，毛泽东同志在延安发表了《如何研究中共党史》一文，提出了研究历史的著名的古今中外法。毛泽东同志读史，是为了研究历史，从史书中采撷历史的智慧，了解和掌握人类社会发展的客观规律。

我们党历来重视对党员、干部尤其是党员领导干部进行历史和党史的学习教育。在延安时期，从 1938 年底开始开展了为期三年多的全党学习运动。为了搞好对党员干部的学习教育，1939 年 12 月，毛泽东同志亲自组织编写了《中国革命和中国共产党》，其中第一章“中国社会”，由其他几个同志起草，经毛泽东同志修改审定。1940 年，为了给广大党员、干部提供历史学习教材，中央决定组织历史教材编写组。范文澜同志是这一年 1 月来到延安的，他长期研究历史，有深厚的史学功底，是写作的最佳人选。从 1940 年 8 月至 1941 年 5 月经过 9 个月的努力，由范文澜同志主编的《中国通史简编》（上册）公开出版了。毛泽东同志看到书后高兴地说：“延安物质条件很艰苦，图书资料也缺乏，完成通史编写很值得庆贺。我们党在延安又做了一件大事。……我们共产党人对自己国家几千年的历史，不仅有了我们的看法，而且写出了一部系统的完整的中国通史。这表明我们中国共产党人对于自己国家几千年的历史有了发言权，也拿出了科学的著作了。”“他的《中国通史简编》资料多，内容丰富，让人愿意看下去。”1941 年底，范文澜同志又完成了中册，并于 1942 年在延安出版。这部史书被史学界认为是我国第一部应用马克思主义观点系统叙述中国历史的著作。

在 1942 年至 1945 年开展的延安整风运动中，我们党继续对党员、干部学习和研究中国历史和中国共产党的历史提出了要求。在我们党的历史上围绕两个历史决议的起草、修改、征求意见，曾在较大范围内就重大历史问题进行研究和讨论。两个历史决议通过后，又在全党范围内进行大规模的党的历史决议的学习，实际上也就是党的历史的学习和教育。毛泽东同志在上世纪40年代就说过："不把党的历史搞清楚，不把党在历史上走过的路搞清楚，就不能把事情办得更好。"

从党的历史看，我们党曾三次大规模开展党史的学习和教育。一次是1945年4月20日党的六届七中全会通过《关于若干历史问题的决议》之后，一次是1981年6月27日党的十一届六中全会通过《关于建国以来党的若干历史问题的决议》之后，一次是1991年我们党成立70年的时候。1991年这一次学习，是在国际、国内形势发生重大变化的背景下进行的。当时，东欧剧变、苏联解体，国内发生严重的政治风波，人们对党和国家的前途命运感到忧虑。如何坚定广大党员、干部尤其是党员领导干部对坚持党的领导、坚持走中国特色社会主义道路的决心和信心，中组部、中宣部这一年年初联合下发了关于在党员干部中开展中共党史和马克思主义党建学说学习的通知。当时，中央党史研究室组织编写的《中国共产党的七十年》一书，发行量很大，在学习中发挥了重要作用。

（二）对全党、全社会开展中共党史学习重要意义的三点认识

1. 学习党史是进一步坚定人们跟党走中国特色社会主义道路的需要。2011年是中国共产党成立90周年，90年是一个逢十的大年。90年对一个人来说已经步入老年阶段了，世界上也有许多大党、老党在较长时间执政后，纷纷垮台和丧失执政地位。但是，我们党却

是另一种情景，至今仍然充满着生机和活力。这是一个值得关注、思考和研究的政治现象。以 90 年为契机，对广大党员、干部、群众和青少年集中开展一次中共党史的学习和教育，不仅十分必要，也十分重要。恩格斯说过：“历史就是我们的一切。”不懂历史的人没有根，淡忘历史的民族没有魂。对我们来说，中国共产党的历史就是中国共产党人的一切。它蕴含着创新的理论、光荣的传统、伟大的实践和丰富的经验，书写着党的昨天和今天，预示着党和人民的明天。学习党史可以进一步坚定我们的理想和信念。

2. 学习党史是有效抵御西方敌对势力对我实施西化、分化图谋的需要。西方敌对势力从未放弃过对我实施西化、分化的图谋，而其重点和突破口之一就是党史领域。美国哈佛大学肯尼迪学院教授约瑟夫·奈曾提出了软实力的理论观点。他认为，空中电波胜过百万雄兵，东欧剧变、苏联解体，意识形态的渗透起了重要的作用。2011 年是苏共亡党、苏联解体 20 周年，最近出版了一本书，名字叫《居安思危——苏共亡党 20 年的思考》，这是中国社科院承担的一个国家社科重点课题。书中讲到，苏联亡党亡国的一个重要原因就是否定党的领袖和否定党的历史。这种否定从赫鲁晓夫时期就已开始，到戈尔巴乔夫时期不断加剧。1980 年，苏联出现了“重新评价历史”的运动，先是否定斯大林，接着攻击诽谤列宁，最后否定苏联共产党的历史。在外部，美国之音推波助澜，用多个民族语言对苏联进行全天候的广播大战。它不是空喊打倒苏共的口号，而是以回忆录、实录、当事人访谈等方式进行渗透，颠倒历史，混淆黑白，最终产生了作用，使苏联人民丧失了对苏联共产党的信心。西方敌对势力对我们采取的也是这种策略。正如清代思想家龚自珍所说:“灭人之国,必先去其史。”这为中外无数历史事实所证明。学习党史可以明辨是非、正本清源,不为假话和谎言所惑。

3. 学习党史是总结历史经验、汲取历史智慧的需要。党的历史是党的不懈奋斗史、理论创新史、自身建设史,是我们党一部博大精深的百科全书,是我们党的一笔宝贵精神财富。在世情、国情、党情发生深刻变化的情况下,学习党史可以有效抵御历史虚无主义的影响,进一步明确我们肩负的历史使命,从党的历史中汲取继续开拓前进的智慧和力量,把党的建设新的伟大工程和中国特色社会主义伟大事业不断推向前进。

二、对学习党史及《党史》二卷的几点收获

通过在中央党史研究室两年的工作,尤其是通过参与组织《党史》二卷的编写和修改,我在工作和学习中都有很大的收获。这里,我想谈一下学习党史的两个联想和学习《党史》二卷的三点思考。

(一)学习党史的两个联想

1. 关于我们党从小到大、不断发展壮大成为世界第一大政党的联想。1921 年我们党成立时只有 50 多个党员,其后不断发展壮大,到 1945 年党的七大召开时党员总数达到 121 万,到 1949 年新中国成立时党员总数达到 448.8 万,到 1978 年改革开放时党员总数达到 3689 万,到 2010 年年底时党员总数达到 8026.9 万。这个数字使中国共产党成为名副其实的世界第一特大型政党。这个数字

比世界上许多中等国家的人口还要多。而且我们党在人口众多的中国已长期执政60多年。1956年2月，党的一大代表董必武同志在上海参观考察时，应邀为党的一大会址纪念馆题词，内容是“作始也简，将毕也巨”。这两句话来自《庄子·内篇·人间世》，原话是“其作始也简，其将毕也必巨”。回想我们党走过的艰难光辉历程，这两句题词是对党的历史90年的真实写照。此时，我想到了两个问题：一是为什么中国共产党能够从近代以来众多的政党和政治团体中脱颖而出？二是为什么中国共产党能够在共产国际众多的共产党中异军突起、表现突出？辛亥革命以后，中国各种政治力量都登上历史舞台，想挽救国家于危难之中。历史资料记载，当时政党和政治团体如野草丛生。政党和政治团体最多时达500多个，经常参加政治活动的达300多个，以至于在当时的北京城内，人们见面后，除相互问候之外，还要问一句你是哪个党派的。但是，这些政党和政治团体都是昙花一现，很快在中国历史舞台上消失了。中国共产党则脱颖而出，成为领导中国人民的核心力量。中国共产党的奋斗历程，如此深刻地改变了中国的发展面貌和中华民族的前途命运。曾经帮助过中国共产党的苏联共产党和与中国共产党前后成立的印度共产党、日本共产党，都与我们党走了不同的发展道路，形成不同的归宿。苏联共产党比我们党早成立23年，是在党员20万的时候取得十月革命胜利的，是在党员200万的时候取得卫国战争胜利的，但是，在党员2000万的时候，也就是在苏联共产党成立93年的时候，苏共被解散了。印度共产党和日本共产党分别成立于1920年和1922年，一个比我们党早一年，一个比我们党晚一年。如果印度共产党成立的时间以1925年为标志的话（学术界有不同的意见），则一个比我们党晚一年，一个比我们党晚四年。日本共产党是在成立的当年年底加入共产国际的，我们党是在党的二大上通过决议后正式加入共产国际的，比日本共产党早几个月。印度共产党是1933年加入共产国际的。日本共产党在发展过程中几次遭受挫折，并在1950年内部发生分裂。印度共产党在1964年内部发生分裂。印度共产党和日本共产党在几十年的革命斗争中，没有取得过全国的政权。这其中的原因和奥秘是什么？学习胡锦涛同志“七一”重要讲话和党的历史，我们可以得到正确答案。

2. 关于我国经济快速发展，综合国力不断提升，成为世界第二大经济体的联想。1949年新中国成立时，以美国为首的西方国家，对我们军事上威胁，政治上孤立，经济上封锁。1950年由于不可控的因素，我国被迫与以当时世界上的头号强国美国为首的“联合国军”在朝鲜进行了一场军事较量。当时我们与美国的军事实力和综合国力十分悬殊。1950年这一年美国的工农业总产值是2800亿美元，而我们是100亿美元。美国这一年的钢产量是8772万吨，而我们只有60万吨。美国有包括原子弹在内的各种最新式的武器，而我们的武器装备却十分落后。这时，我国的台湾、海南岛、西藏等地都还未解放，大陆还有许多国民党的残敌和土匪。就是在这样的条件下，我们敢于斗争、敢于胜利，进行了抗美援朝战争。新中国成立后，经过社会主义革命和社会主义建设奠定的基础，特别是经过改革开放30多年的持续快速发展，今天的中国终于强大起来了。据国家统计局公布的数字显示，1978年我国国民生产总值（GDP）居世界第15位，到2005年上升到第5位，2006年上升到第4位，2007年上升到第3位，去年超过日本上升到第2位。2010

年我国国民生产总值达39.798万亿人民币，按当前外汇牌价计算，达5.88万亿美元。日本在1968年国民生产总值成为世界第二以后，保持了42年的纪录，而在1978年日本经济总量是中国的6.9倍。有人预测，中国将在2025年超过美国。今年5月3日，美国哈佛大学教授马丁·费尔德斯坦在美国企业研究所年度晚宴上发表了题为《美国面临的挑战》的演讲，他认为过去30年中国GDP一直以年10%增长，美国只有3%，如果这样持续下去，6年后的中国将超过美国。如果中国降低到7%的增速，美国的增速加快到4%，中国也将会在2025年超过美国。新加坡前总理李光耀也是这个观点，不过他说的时间是2020年，比其他人说的要早5年。去年我国GDP占美国GDP的总量已经从2005年的17.9%上升为40.2%。从占世界GDP总量的5%上升到9.5%。在全球金融危机面前，中国经济仍然保持活力，一枝独秀，成为世界经济增长的引擎。今年上半年突尼斯、埃及、利比亚等中东、北非国家政局发生动荡，年初各国纷纷从利比亚撤侨，我国仅在12天中就从利比亚迅速撤离侨民35860人，被国外媒体认为是中国自1949年以来规模最大的一次侨民撤离行动。我认为不仅是1949年以来，可能是中国有史以来最大的一次侨民撤离行动。这次行动显示了中国效率、中国信誉、中国实力、中国能力，展示了中国的大国风采。印度在利比亚有侨民1.2万人，撤离行动用了几个月。外电评论说这次行动中连美国等西方大国都逊色于中国。为什么中国会快速发展，用短短60多年的时间走完了西方国家300年走过的工业化道路，将13亿中国人民带入了工业社会，取得了改革开放和社会主义现代化建设的巨大成就，这其中的原因和奥秘是什么？学习胡锦涛同志“七一”

重要讲话和党的历史，我们仍然可以得到正确答案。

（二）学习《党史》二卷的三点思考

如何正确把握新中国成立后 29 年即我们党在社会主义革命和社会主义建设时期党的历史的主题和主线、主流和本质，我着重从三个方面谈点思考。

1. 如何看待新中国成立后我们党 29 年团结带领人民所取得的伟大成就？我认为，要带着人们提出的问题，从宏观、中观、微观三个不同的视角去看待和把握。带着什么问题？带着一些人提出的两个问题：一是中国的社会主义搞早了；二是中国共产党在这 29 年中所犯的错误是一个接着一个，是错误的不断延续。那么，到底真实的历史是不是这样？我们从三个角度去看。从宏观上看，我们党做了三件大事，这三件大事可以与胡锦涛同志“七一”重要讲话中所讲到的，我们党 90 年来紧紧依靠人民完成和推进的三件大事相对应。第一件大事是在新中国成立的最初几年，通过建立各级人民政权、土改等，彻底完成了新民主主义革命的历史任务。这一件大事是胡锦涛同志“七一”重要讲话中所说的第一件大事的结尾。第二件大事是完成了社会主义改造，建立了社会主义基本制度。这一件大事就是胡锦涛同志“七一”重要讲话中所说的我们党完成的第二件大事。第三件大事是我们党进行了改革开放新的伟大革命，开创、坚持、发展了中国特色社会主义。这件大事虽然是从党的十一届三中全会后开始进行的，但是，以毛泽东同志为核心的党的第一代中央领导集体，对什么是社会主义、怎样建设社会主义进行了艰辛探索，为后人提供了有益的经验。从中观上看，在这 29 年中，我们党取得了多方面的成就。在《党史》二卷结束语中，从九个方面概括了我们党领导人民所取得的伟大成就。这些成就涉及到经济建设、政治建设、文化建设、军队和国防建设、民生的改善和保障、外交工作以及党的建设等各个方面，这里我就不重复了。从微观上看，在这29年中发生和出现过许多中外历史上的第一次。在这个时期，我们生产了中国历史上的第一辆汽车、第一台拖拉机、第一架飞机、第一台万吨水压机，研制和爆炸成功了第一颗原子弹、第一颗氢弹，研制和下水了第一艘舰艇、第一艘核舰艇，成功发射和回收了第一颗人造地球卫星。在世界上第一次人工合成了牛胰岛素，第一个研制成功了半籼型杂交水稻，等等。在新中国成立之初，毛泽东同志曾说过这样一段话："现在我们能造什么？能造桌子、椅子，能造茶碗茶壶，能种粮食，还能磨成面粉，还能造纸，但是，一辆汽车、一辆坦克、一架飞机、一辆拖拉机都不能造。"然而，短短的20多年时间，这一切我们都能制造了。这是做了一件了不起的事情。

2. 如何看待新中国成立后我们党29年所出现的失误？我认为，要贯通党的90年历史，着重探索历史发展的客观规律。党的90年历史大致可以划分为三个30年。第一个30年实际是28年，从1921年至1949年，是党在新民主主义革命时期的历史。第二个30年实际是29年，从1949年至1978年，是党在社会主义革命和社会主义建设时期的历史。第三个30年实际是33年，从1978年至今，是党在改革开放和社会主义现代化新时期的历史。从90年来看，党的历史发展是曲折的、复杂的，而不是平坦的、直线的，按照恩格斯的说法，就是历史的发展往往呈现的是Z字型。我们先来

1956 年 7 月，中国第一批国产汽车——“解放”牌载重汽车在长春第一汽车制造厂试制成功。

看看新民主主义革命时期的历史。这段历史以 1935 年 1 月召开的遵义会议为界线，正好分为前 14 年和后 14 年。前 14 年我们党不成熟，所犯错误多，有右的错误，有“左”的错误，党的领导核心和领导集团还没形成；而后 14 年则大不一样了，历史出现了重大转折，中国革命从此取得了一个又一个胜利。有了前 14 年的曲折和对经验教训的深刻总结，就有了后 14 年的顺利发展和对中国革命规律的正确认识与把握。下面，我们再来看看社会主义革命和社会主义建设以及改革开放和社会主义现代化建设新时期的历史。这段历史以 1978 年 12 月召开的党的十一届三中全会为界线，正好分为前 30 年和后 30 年。前 30 年我们完成了社会主义改造，建立了社会主义基本制度，为后 30 年的发展奠定了根本的政治前提和制度基础以及物质和技术基础。特别是我们对中国自己的社会主义道路进行的艰辛探索，获得的正确经验、错误教训甚至是失败教训，都成为我们党的宝贵财富。胡绳同志在《中国共产党的七十年》一书的结束语中，对我们党所犯的这些错误应如何认识和看待时写道：“没有一个党是不犯错误的，重要的问题是能否从错误中学习，取得教训。既要从自己所犯错误中学习，也要从别人所犯的错误中学习。自己所犯的错误往往是更好的教科书。犯大错误当然是很坏的事情，但是，由于在大错误中反映的问题往往特别深刻，这个教科书也就特别值得认真学习。错误能够成为正确的先导，但不是无条件地成为正确的先导，关键在于要善于学习总结经验。中国共产党是伟大、光荣、正确的党，这并不是因为它从来不犯错误，而是因为它从来能够总结错误的经验，从错误中学习，通过错误的教训来提高对客观规律的认识，纠正错误，使错误成为正确的先导。”“我们对于中国共产党领导的中国社会主义事业的前途充满信心。这固然因为党已经在社会主义事业中取得了伟大成就，也因为党已经犯过严重的错误，并且通过总结经验教训学到了许多在没有犯错误以前所不懂得或不真正懂得的事情。”20年后的今天，当我们回顾走过的这段不平凡的路程，再读这段话，是很受启发的。

3. 如何看待新中国成立后我们党29年所犯错误的原因以及我们党纠正错误所做的努力？我认为，要全面地、历史地、辩证地分析问题和认识问题。首先，我们看看这29年党所犯错误的原因。党所犯错误的原因是多方面的、复杂的，既有主观原因，也有客观原因；既有内部原因，也有外部原因；既有现实原因，也有历史原因；既有经济原因，也有政治原因；等等。怎么看这个问题？我认为，除了要把握好欧阳主任说的几个基本原则外，还要注意这样两个方面的问题。一是要正视和承认我们党犯过的错误。29年中，我们党犯了哪些错误，犯了什么性质的错误呢？从错误的性质上看，所犯的错误主要是“左”的错误。从错误的内涵上看，主要是犯了三个方面的错误，即在政治思想领域上，以阶级斗争为纲，犯了阶级斗争扩大化的错误；在经济发展速度上，急于求成，犯了急躁冒进的错误；在所有制结构上，盲目追求“一大二公”，犯了违反经济发展客观规律的错误。从错误影响的范围看，有全局性的错误，有局部性的错误。1958年开始搞的“大跃进”和人民公社化运动，持续了三年时间。1966年开始搞的“文化大革命”运动，持续了十年时间。这两次所犯的错误是全局性的错误，因为错误影响到了全局。1957年进行的反右派斗争，1959年进行的“反右倾机会主义”斗争，1963年进行的城乡社会主义教育运动（1964年后叫“四清”

运动），这三次所犯的错误是局部性错误，因为其错误影响是局部的。二是要分析和探讨我们党犯错误的动机和原因。中国共产党立党为公，执政为民，没有自己的私利。中华民族曾经创造了光辉灿烂的古代文明，中国曾经走在世界的前列。只是近代以来，由于各种原因我们落伍了。鸦片战争后的几十年里，我们受到许多外国列强的欺凌和宰割。我们党肩负着完成和实现民族独立、人民解放和国家富强、人民富裕的历史任务。我们党太想改变中国贫穷落后面貌了！由于在革命战争年代，我们经过艰辛探索找到了中国革命的正确道路，认识到了中国革命的发展规律，经过团结奋斗，很快取得了中国革命的胜利。新中国成立后，我们党忽略了革命和建设的不同规律，以为也可以用革命的方法来搞建设，想把建设的速度搞得快快的，结果欲速则不达，违反了客观规律，做了许多傻事。我们遭受了曲折，犯了错误，人民群众还依然相信、拥护、支持我们党，其重要原因就在于我们党没有自己的私利，并能够在困难的时候与人民群众同甘共苦。

我们党之所以犯错误有这样几个方面的具体原因。一是缺乏经验，对社会主义建设的规律还没有全面、正确地认识和把握。1969年，毛泽东同志就说过这样一段话，他说：搞社会主义，比打仗困难多了。搞建设实在不容易。社会这个东西，有自己的发展规律，是违背不得的，它老大得很，不管什么“主义”管它，一概不理。要是违背了它的发展规律，是要受惩罚的。邓小平同志在改革开放后会见外宾的谈话中，多次谈到这个问题。他说：我们过去犯错误的主要原因是，对什么是社会主义，怎样建设社会主义，并没有完全搞清楚。这个分析点到了问题的实质、根本和要害。二是党内的民主制度和全社会的法制还不健全和完备。在相当长的一个时间里，党内存在着权力过分集中、家长制、干部领导职务终身制、个人专断、个人崇拜等现象。从 1957 年以后，党内的民主集中制逐渐遭到破坏，“文化大革命”时达到了顶峰。三是我们党在革命胜利后，一定程度上产生了骄傲自满情绪和出现了脱离群众现象。四是在一个时期里，我们党对国内外形势的消极面，作了过于严重的估计和过度的反应。

其次，我们看看 29 年里党是怎样纠正错误的？ 29 年中，当我们党发现和认识到自己所犯的错误时，就在不断地努力去纠正、去改正。大的纠正有这样几次：一次是 1958 年 11 月第一次郑州会议到 1959 年 7 月庐山会议 9 个月的纠“左”；一次是 1961 年至 1965 年进行的国民经济的调整；一次是 1972 年周恩来总理主持中央日常工作，进行的反对极左的整顿；一次是 1975 年邓小平同志主持党中央和国务院日常工作后，进行的全面整顿。在这几次纠正错误的过程中，我们党都大规模地深入实际，调查研究，力求探索事物的发展规律，推动工作，解决问题。1961 年，毛泽东同志号召全党大兴调查研究之风，要求把这一年变成实事求是年、调查研究年。1962 年初，中央召开有七千人参加的扩大的中央工作会议，初步总结了“大跃进”中的教训，开展了批评和自我批评。毛泽东、刘少奇、周恩来等中央领导同志都在会议上作了批评和自我批评。毛泽东同志还在会议的讲话中引用了“霸王别姬”的典故深刻说明发扬民主的重要性。这一切都显示了我们党坚持真理、修正错误的科学态度和进取精神，表现了我们党的光明磊落、襟怀坦白和大公无私。十一届三中全会的召开，实现了新中国成立以来党的历史上的又一次伟大转折。我们党认真总结历史的经验教训，纠正过去自己所犯的错误，开辟了未来。我们党从挫折中站起，从困境中奋起，依靠广大人民群众自己纠正自己所犯的错误，这是我们党有信心、有力量、有活力、有生命力的表现，这是一件十分了不起的事情。如果我们党所犯的错误是靠别的人和别的政党来纠正，那问题就严重了，那就说明我们党衰落了，没有生命力了。改革开放后，我们党经受住了各种风险的考验，也有力地证明了这一点。

最后，我说几句结束语，在过去的 90 年中，中国共产党已经团结带领全国人民创造了彪炳史册的伟业，历史也必将在一代代中国共产党人的手中创造和续写新的更大的辉煌。